ADAC Reiseführer

Kenia

von Albrecht Hagemann

Intro

Unterwegs

Nairobi und Umgebung – Tradition und Moderne in Ostafrikas bedeutendster Metropole 61

Der Westen – Gnus, Grassavannen und schier endlose Wasser 77

Rift Valley – Seen, Vulkankegel und Flamingoschwärme 93

Im zentralen Hochland – Wasserfälle und Ananas am Fuße des eisbedeckten Mount Kenya 101

Der Norden – Nomaden, Steinwüsten und das funkelnde Jade-Meer 113

Kenia Kaleidoskop

Karten und Pläne

Service

Kenia Impressionen

Tierparadiese zwischen eisbedeckten Vulkanen und weißen Sandstränden

Ob man einfach am blauen Meer faulenzen, beim Sundowner auf der Veranda einer Lodge mächtige Elefanten an einer Wasserstelle beobachten, Klettertouren aller Schwierigkeitsgrade am 5199 m hohen Mount Kenya unternehmen oder aber auf Safari in eines der herrlichen Wildschutzgebiete gehen möchte – Kenia bietet eine schier unermessliche Fülle an Aktivitäten und Erlebnissen. Und dies in einer Landschaft, die mit ihren weißen Stränden, sanft gewellten Savannen, weiten Seen und imposanten Gebirgsmassiven so vielgestaltig ist wie kaum eine andere in Afrika.

Küstenzauber am Indischen Ozean

Der rund 500 km lange Küstensaum entlang des Indischen Ozeans fasziniert mit den prächtigen **Stränden** etwa von Diani und Bamburi, Tiwi und Malindi. Pulvriger, in der Sonne oft blendend heller Sand liegt hier wie ein breites Band zwischen dem türkisfarbenen Wasser des Meeres und dem palmengesäumten Ufer. Die vorgelagerten **Korallenriffe** haben mit ihrem bunt schillernden Fischreichtum Kenia Weltruhm unter Tauchern und Sportfischern eingetragen. **Ernest Hemingway** genoss bereits in den 1930er-Jahren die Anglerfreuden an Kenias Küste.

An den Stränden südlich und nördlich der orientalisch und afrikanisch geprägten Hafenstadt Mombasa konzentriert sich das Unterhaltungsangebot für die Gäste aus Übersee. Großzügig und gleichermaßen geschmackvoll gestaltete **Hotelanlagen** im maurischen Stil inmitten bukolischer **Gärten** und fantasievoll arrangierter Pool-Landschaften gehören ebenso dazu wie elegante **Feinschmeckerrestaurants** und fetzige Discos unter wogenden Palmen.

Tierpirsch vor grandioser Kulisse

Hinein ins Landesinnere! Entlang der Fernstraße von Mombasa nach Nairobi,

Oben: *Stopp einer Fotosafari – Vorfahrt für den Geparden. Hautnah sind die markant gefleckten Großkatzen in Kenias Nationalparks zu erleben*
Rechts: *Begrenzte Weite – die rote Savanne stößt in der Ferne an den majestätischen Kilimandscharo, Massai und Baobab geben die passende Staffage*
Rechts oben: *Annäherung beim Drink – Europa und Afrika am Pool*

der gut 500 km von der Küste entfernt am Rande der Central Highlands liegenden Landeshauptstadt, passiert man Kenias größten Nationalpark: **Tsavo East and West**. Heia Safari – ein erstes Kennenlernen der ostafrikanischen Tierwelt, deren Vielfalt in der Tat atemberaubend ist! Rund 90 (!) Säugetierarten leben auf diesem Gebiet, das vor allem im Westteil mit seinen ausgedehnten Savannen, Galeriewäldern und blauen Bergrücken außerordentlich abwechslungsreich ist. Gnus, Zebras, Kaffernbüffel und Elefantenherden ziehen zum kostbaren Nass einer Wasserstelle, begeistert beobachtet und vielfach abgelichtet von Besuchern, die sich auf der Terrasse einer nahe gelegenen Lodge ihr Lunchbuffet munden lassen. Was für ein Erlebnis!

Vielleicht noch übertroffen von dem einmaligen Panorama, das sich ihnen im nordwestlich anschließenden **Amboseli National Park** bietet: Bei klarem Wetter erhebt sich aus den trockenen Ebenen in der Ferne der 5895 m hohe **Kilimandscharo**, der höchste Berg des Kontinents und gleichsam das Dach Afrikas. Zwar ruht der mit ewigem Eis bedeckte Gipfel auf tansanischem Gebiet, doch gewährt nur die kenianische Seite diesen prächtigen Blick auf den erloschenen Vulkan.

Und vor dieser gigantischen Kulisse räkeln sich Löwen und Geparden unter Schirmakazien, schreiten langhalsig und in erstaunlichem Schwebegang Giraffen vor bewundernden europäischen Augen vorüber.

Dreh- und Angelpunkt Ostafrikas

Als Kontrast zur urwüchsig wirkenden Natur von Tsavo und Amboseli vereint **Nairobi** hingegen die Annehmlichkeiten und Aufgeregtheiten einer pulsierenden modernen Metropole mit den Traditionen des Vielvölkerstaates Kenia. *Massai-*

Nomaden aus den Steppen im Südwesten des Landes, bunt geschmückte, tiefschwarze Angehörige des *Samburu-Volkes* aus der Region um den Lake Turkana im Norden und durch frühe Handelskontakte arabisch beeinflusste, oftmals hellhäutige und großteils muslimische *Swahili* von der Küste wandern in die Hauptstadt Kenias, um dort ihr Glück zu finden.

Quirliges Leben herrscht auf Straßen und Märkten, bevölkert auch von Somalis, Indern und Europäern. Eine lebendige multikulturelle Gesellschaft in einer brodelnden Stadt mit vielen Parks und moderner Skyline.

Obwohl gerade einmal 100 Jahre jung, führt Nairobi seine Gäste auch hinein in die jahrmillionenalte Vergangenheit des Landes. Im *Kenya National Museum* belegen Ausgrabungsfunde vor allem aus dem Gebiet um den Lake Turkana eindrucksvoll, dass die Wiege der Menschheit möglicherweise in diesem Teil der Welt gestanden hat.

Tee am ›Mittelmeer Ostafrikas‹

Dicht besiedelt von den Völkern der Gusii sowie der Luo ist der **Westteil** des Landes, die Städte Kisii und Kisumu bilden dabei die jeweiligen Hauptorte. Kisumu ist zugleich muntere Hafenstadt am Ostufer des riesigen **Lake Victoria**, ein zentraler Handelsplatz, an dem sich lebendige und farbenfrohe *Märkte* besonders intensiv erleben lassen. Kenias Anteil am Lake Victoria, dem drittgrößten See der Erde, ist zwar verhältnismäßig gering – Uganda und Tansania teilen sich weit größere –, doch besitzt das Land mit Kisumu einen der wichtigsten *Verkehrsknotenpunkte* für die Länder Zentralafrikas und ihre Handelswege zum Exporthafen Mombasa am Indischen Ozean.

Wie dicke grüne Teppiche bedecken im Westen Kenias üppige **Teeplantagen** die sanften Hänge einer herrlichen Berglandschaft. Ihre Krönung findet diese weiter nördlich in dem Kegel des majestätischen Vulkans **Mount Elgon**, dessen Krater in 4321 m Höhe unmittelbar an der Grenze zwischen Kenia und Uganda liegt und der unberührte Wildnis vom Regenwald bis zu Hochmooren und Kraterseen zu bieten hat.

Oben: *Akrobatisch ist der Sprungtanz der Massai (links) und zutraulich das schmusende Gepardenpärchen (rechts)*
Rechts: *Kenias Urlaubszentrum am Indischen Ozean – Diani Beach*
Rechts oben: *Samburu-Chic – junge Frau mit Perlenschmuck (links). Quartett mit Streifen – Zebras am Mara River (rechts)*

Flamingoschwärme und Geysire

Charakteristisch für Kenias Landschaftsbild ist das imposante **Rift Valley**, jener gigantische Riss in der Erdkruste, der sich vom Jordantal im Nahen Osten über 6000 km lang quer durch den afrikanischen Kontinent bis Mosambik zieht und damit auch Kenia von Nord nach Süd durchschneidet. Auf dem Grunde dieser

auch Grabenbruch genannten Kluft in der Erdoberfläche, die durchschnittlich rund 50 km breit und bis zu 700 m tief ist, haben sich im Verlauf der Erdgeschichte einige **Seen** gebildet, die wiederum zu wahren Vogelparadiesen geworden sind. Zigtausende rosaroter **Zwergflamingos** bevölkern die Ufer des Lake Naivasha. **Vulkane** wie der 2490 m hohe Menengai oder heiße Quellen und Wasser speiende **Geysire** am Lake Bogoria bezeugen die geologische Vielfalt des Rift Valley.

Fruchtbares Hochland und ›wilder‹ Norden

Beinahe in der Mitte des Landes überragen die Eiskappen des markanten Bergriesen Mount Kenya (5199 m) die Central Highlands. Das Hochland ist die ursprüngliche Heimat des größten kenianischen Volkes, der **Kikuyu**. Im 20. Jh. entwickelte sich die klimatisch günstige und

fruchtbare Region zum bevorzugten Siedlungsgebiet der **britischen Kolonialherren** und damit zum Schauplatz von Auseinandersetzungen zwischen Kikuyu und Europäern um das Land, das heute mehrheitlich wieder in kenianischer Hand ist. Während des Mau-Mau-Aufstands der 1950er-Jahre hatten die schwarzen Freiheitskämpfer die Bergschluchten des Mount Kenya und der **Aberdares** als Unterschlupf genutzt. Heutige Besucher finden im mittlerweile zum Nationalpark erklärten Gebiet komfortable Lodges inmitten grünen Dickichts zur Tierbeobachtung. Oder sie erkunden die geheimnisvoll in Nebel gehüllten Regenwälder an den Süd- und Osthängen des **Mount Kenya**, der in seinen oberen Regionen den Wanderern bizarre Riesenkrautgewächse vorführt. Spritzige Erfrischung bieten dagegen die rauschenden Wasserfälle, zu den spektakulärsten gehören die Thomson's Falls bei Nyahururu.

Schließlich weist der gesamte Norden Kenias eindrucksvolle Szenerien auf, die bisher kaum von der Moderne berührt worden sind: Dazu zählen die imposante Vulkanlandschaft von Marsabit und die dunklen Lavafelder des Suguta Valley ebenso wie die Halbwüsten und Wüsten rund um den **Lake Turkana**. Die in erbarmungsloser Hitze grün schimmernde

Fläche dieses 7680 km^2 großen Binnenmeeres ist zweifellos der landschaftliche Höhepunkt des ›wilden‹ Nordens.

Schmelztiegel der Kulturen

Wie in kaum einem anderen Land Afrikas südlich der Sahara kommt aber in Kenia auch jener Besucher auf seine Kosten, der nicht nur tropische Küstenlandschaften, braune Savannen und Silhouetten gezackter Vulkankrater genießen, sondern der auch ein altes und reiches **historisches Erbe** würdigen möchte. Entlang der Küste des Indischen Ozeans haben sich die architektonischen Überreste der **Swahili-Kultur** aus der Zeit des 12. bis 15. Jh. erhalten. Die Haus-, Palast- und Moscheeruinen von *Jumba La Mtwana* bei Mombasa etwa oder jene von *Gedi* nahe Malindis künden von einer Vergangenheit des Landes, die im Mittelalter von arabischen und persischen Kaufleuten geprägt war. Mit Segelschiffen gelangten diese von Arabien und aus dem Persischen Golf an die Küsten Ostafrikas, um Sklaven, Mangrovenholz, Elfenbein, Gewürze und Edelsteine zu handeln.

Oben: *Frühstück in der Savanne – eine gedeckte Tafel gehört zum krönenden Abschluss einer Ballonfahrt über die Masai Mara*
Rechts oben: *Empfang unter Kalebassenlampen und Strohdach – die Rezeption der stilvollen Amboseli Serena Safari Lodge*
Rechts unten: *Farbenfroh und gut gelaunt – Massai-Treffen in Narok*

In **Mombasa** finden sich noch Spuren prägender geschichtlicher Einflüsse, die zum heutigen Kenia geführt haben: *Afrikanische* Märkte breiten sich neben *indischen* Hindu-Tempeln und Moscheen der Swahili aus, *arabische* Holzschnitzereien an Balkonen und Türen blicken auf *britische* Kolonialbauten am Treasury Square. Als unübersehbares Zeugnis der rund 200-jährigen *portugiesischen* Präsenz (1500–1698) in Mombasa ragen die wuchtigen Mauern des 1596 errichteten Forts Jesus nahe dem alten Dhow Harbour auf. Mit den Eroberern waren damals auch Missionare, Priester, Kaufleute und Entdecker ins Land gekommen.

Ist Englisch auch die Lingua franca aller kenianischen Volksgruppen, kann man in den Gässchen der Altstadt Mombasas doch eher Swahili hören, jene an der Küste dominierende Mischsprache aus afrikanischen, arabischen und persischen Wurzeln. Und natürlich spiegelt sich für den ausländischen Besucher die kulturelle Vielgestaltigkeit auch in den Menükarten der besseren Restaurants wider.

Willkommen in Kenia!

Nicht nur lockt die Küste mit ihren märchenhaften Stränden und dem alten kulturellen Erbe. Die zahllosen Tierreservate mit ihrer unglaublichen Artenvielfalt suchen ihresgleichen, in scheinbar unberührter Natur bieten sie packende **Safari-Erlebnisse**. Die ›Big Five‹ – Löwe, Leopard, Nashorn, Elefant und Büffel – in afrikanischer Wildnis hautnah zu erleben, gehört wohl zum Ergreifendsten einer Kenia-Reise.

Und dennoch: Es sind nicht zuletzt die **Menschen** des Landes, die einen bleibenden Eindruck beim Besucher hinterlassen. Wer sich für das Alltagsleben der Kenianer interessiert, wird Gelegenheit finden, das Nomadendasein etwa der Massai, die Landwirtschaft der Luo am Lake Victoria oder aber Handel und Handwerk der Swahili an der Küste kennen zu lernen. Apropos Handwerk: Kenias **Kunstgewerbe**, insbesondere Schmuck und Arbeiten aus Holz und Speckstein sind von bester Qualität und überall günstig zu erwerben – vorausgesetzt, man verfügt über ausreichend langen Atem zum Feilschen. Und Kunstgalerien in Nairobi bieten zeitgenössische Malerei und Plastik zum Verkauf an.

Ob aber Händler in den Geschäftsstraßen der Metropole, Koch und Kellner beim Champagner-Buschdinner an den Stromschnellen des Mara River, ob Zimmermädchen im Hotel oder livrierter Portier am Lodgeportal – die Menschen Kenias, sie bringen dem Gast allüberall ein herzliches »**Jambo, habari**« – »**Willkommen, wie geht's**« entgegen.

Der Reiseführer

Dieser Band stellt Kenia in sechs Kapiteln vor. Die Einteilung ergibt sich im Wesentlichen aus der geographischen Gliederung des Landes.

Auf besondere Höhepunkte bei Sehenswürdigkeiten, Hotels, Restaurants, Nationalparks, Stränden usw. verweisen die **Top Tipps**. Den Besichtigungspunkten sind jeweils die **Praktischen Hinweise** mit Informationsbüros, Hotels und Restaurants angegliedert. **Übersichtskarten** und **Stadtpläne** erleichtern die Orientierung. Auf den letzten Seiten informiert **Kenia aktuell A bis Z** u. a. über Anreise, Essen und Trinken, Einkaufen, Feiertage, Unterkunft und Verkehrsmittel. Hinzu kommt ein umfassender **Sprachführer**. **Kurzessays** zu speziellen Kenia-Themen runden diesen Reiseführer ab.

Geschichte, Kunst, Kultur im Überblick

Arabische Sultanate, europäisches Siedlerparadies und der Triumph des schwarzen Freiheitskampfes

ab ca. 2000 v. Chr. Nomaden, die zur Sprachgruppe der Kuschiten gehören, dringen vom äthiopischen Norden her zunächst in das Gebiet um den Lake Turkana ein, später ziehen sie weiter südwärts bis in die Mitte des heutigen Tansania.

ca. 500 v. Chr.–1000 n. Chr. Aus verschiedenen Gebieten Zentral- und Westafrikas wandern Bantu-Völker ein. Zu ihnen gehören heute in Kenia die Kikuyu und die Gusii. Sie betreiben Ackerbau. Etwa zeitgleich kommen aus der Region des Südsudan Vieh haltende Niloten. Die nilotischen Hirtenvölker bevorzugen die weiten Savannen als Siedlungsgebiete. Die heutigen kenianischen Völker der Luo, Massai und Samburu sprechen nilotische Sprachen.

2. Jh. n. Chr. Ptolemäus (100–160) und Diogenes, zwei griechische Geographen aus Ägypten, berichten über die ostafrikanische Küste.

ab dem 8. Jh. Arabische und persische Kaufleute islamischen Glaubens lassen sich an der Küste nieder, sie vermischen sich allmählich mit der einheimischen Bevölkerung und tragen damit zur Entstehung der islamischen Swahili-Kultur bei.

9./10. Jh. Arabische Stadtstaaten an der Küste und auf den vorgelagerten Inseln organisieren sich nach heimatlichem Muster als Sultanate oder Scheichtümer. Von hier aus floriert der Handel mit Sklaven, Elfenbein und Mangrovenholz über Arabien und Indien bis nach China. Die Waren werden mit Segelschiffen, den traditionellen *Dhaus*, transportiert.

12. Jh. Der arabische Chronist al Idrisi beschreibt den Handel in den Küstenstädten Malindi und Mombasa.

13. Jh. In der Nähe von Malindi wird die Stadt Gedi gegründet.

1331 Der marokkanische Geograph Ibn Battuta besucht Mombasa.

1498 Der portugiesische Seefahrer Vasco da Gama umrundet das Kap der Guten Hoffnung und erreicht im April die Küste Ostafrikas.

1505–1528 Die Portugiesen unterwerfen die Städte an der späteren kenianischen Küste, damit beginnt ihre rund 200-jährige Präsenz in Ostafrika.

1585/89 Aufstände der islamischen Swahili-Sultanate gegen die christlichen Portugiesen werden durch Türken von Südarabien aus unterstützt. Diese Hilfsaktion der türkischen Glaubensbrüder durch eine osmanische Flotte bleibt jedoch ohne Erfolg.

1596 Die Portugiesen stellen in Mombasa das Fort Jesus fertig und sichern damit für ca. 100 Jahre ihre Vorherrschaft in der Stadt.

1698 Araber aus dem Sultanat Oman auf der Arabischen Halbinsel zwingen die Portugiesen nach 33-monatiger Belagerung zur Aufgabe von Fort Jesus.

1729 Nach einer vorübergehenden Wiedereinnahme des Forts kapitulieren die Portugiesen nach einem erneuten Angriff der Omanis endgültig. Alle Portugiesen werden umgebracht.

1698–1837 Formell dem Sultanat Oman unterstellte Vizesultane regieren die Küste von Lamu im Norden bis tief in den Süden. 1739 trennt sich die Mazrui-Dynastie in Mombasa vom Sultanat Oman und macht sich selbstständig. Erst mithilfe der Briten, die im 19. Jh. zur beherrschenden Macht im Indischen Ozean aufsteigen, gelingt es den Omanis unter Sultan Sayyid Said 1828, Städte an der Küste einschließlich Mombasas zurückzuerobern. Unter Said blüht an der Küste die arbeitsintensive Gewürznelkenproduktion auf und der Sklavenhandel nimmt stark zu.

1840 Sayyid Said verlegt seine Residenz vom arabischen Muscat auf die Insel Sansibar in der Nähe der Küste des späteren Kenia.

ab Mitte des 19. Jh. Auf der Suche nach Rohstoffen und Absatzmärkten als Folge der beginnenden Industrialisierung starten die Europäer Entdeckungsreisen in das Innere Afrikas. Auch christliche Missionare suchen in Afrika ein Betätigungsfeld, nicht zuletzt wegen des barbarischen Sklavenhandels.

1848/49 Als erste Europäer berichten die deutschen Missionare Johann Ludwig Krapf (1810–1881) und Johannes Rebmann (1820–1876) über die Existenz des Kilimandscharo. Die spätere Landesbenennung ›Kenia‹ geht möglicherweise auf ein Missverständnis Krapfs aus dem Jahr 1849 zurück, als er Kirinyaga – die Bezeichnung der Kikuyu für den Mount Kenya – in Europa falsch wiedergibt.

1883 Der Schotte Joseph Thomson (1858–1895) führt im Auftrag der britischen ›Royal Geographical Society‹ zwei Expeditionen in das Innere Ostafrikas durch, wobei er weite Teile des späteren Kenia kartographiert.

Arbeitskräfte aus Indien bewältigen für die Engländer den Bau der Uganda-Eisenbahn

1884 Im späteren Tansania gelingt es Carl Peters (1856–1918), Stammeshäuptlinge zur Unterzeichnung von ›Schutzverträgen‹ mit der von ihm gegründeten ›Gesellschaft für deutsche Kolonisation‹ zu bewegen. Damit gerät Deutschland in Ostafrika in einen Interessenkonflikt mit Großbritannien.

1887 Mit dem Ziel, den Norden des späteren Kenia zu erforschen, erreicht der ungarische Graf Samuel Teleki von Szek (1845–1916) mit einer 700 Mann starken Expeditionstruppe den Lake Turkana. Unterwegs besteigt Teleki als erster Weißer das Vulkanmassiv des Mount Kenya bis zu einer Höhe von 4400 m.

1890 Im ›Helgoland-Sansibar-Abkommen‹ einigen sich das Deutsche Reich und Großbritannien auf die Abgrenzung von Einflussgebieten: Helgoland sowie das heutige Tansania (›Deutsch-Ostafrika‹) fallen an Deutschland – Sansibar, Uganda und das heutige Kenia an Großbritannien. Die Grenzziehung in Ostafrika schafft künstliche Staatengebilde und nimmt keinerlei Rücksicht auf Traditionen der Einheimischen. So wird z. B. der Lebensraum der Massai regelrecht zerschnitten in einen heutigen tansanischen und kenianischen Teil.

1892 Johnstone Kamau aus dem Volk der Kikuyu wird in den Highlands nördlich von Nairobi geboren. Unter dem Namen Jomo Kenyatta kämpft er später zunächst für die Rechte der Kikuyu, dann für die aller Afrikaner seiner Heimat gegenüber den Briten und schließlich für die Unabhängigkeit seines Landes von Großbritannien.

1895 Unter der Bezeichnung ›British East Africa Protectorate‹ erklärt London alles Land nördlich von Deutsch-Ostafrika bis zur ugandischen Grenze zu einem britischen ›Schutzgebiet‹. Damit ist die politische Voraussetzung für die systematische Erschließung dieses Gebietes geschaffen, die bereits 1896 mit dem Bau der Uganda-Eisenbahn von Mombasa in das Landesinnere beginnt. Gegen die Landnahme durch die Briten in ihrem Siedlungsgebiet revoltieren von 1895 bis 1899 Angehörige des Luo-Volkes.

1899/1900 Der Bau der Uganda-Bahn erreicht den Rand der Central Highlands und führt zur Gründung der Stadt Nairobi. Als Arbeitskräfte für den Bau der Bahnlinie werden Tausende von Indern nach Ostafrika gebracht.

1901 Die Eisenbahnlinie Mombasa – Port Florence (das heutige Kisumu) am Lake Victoria wird eröffnet.

1904 Die zunehmende britische Besiedlung der fruchtbaren und klimatisch günstigen Highlands in der Region um den Mount Kenya und westlich der Aberdare-Berge führt zur Landverknappung auf Seiten der Kikuyu, die sich mit ersten Aufständen zur Wehr setzen. Anführer der weißen Siedler ist der legendäre Lord Delamere (1870–1931).

1907 Nachdem Großbritannien bereits Jahre zuvor wiederholt versucht hatte, beim Sultan von Sansibar auf die Einstellung der Sklaverei hinzuwirken, wird die Sklavenhaltung in den britisch regierten Teilen Ostafrikas endgültig abgeschafft.

1910 Vor allem in den Highlands werden große Kaffeeplantagen gegründet.

1914 Bewaffnete afrikanische Einheiten unterstützen Großbritannien im Ersten Weltkrieg, in dessen Verlauf auch in Ostafrika heftige Kämpfe toben. – Die dänische Baronin Karen (Tania) Blixen lässt sich in Kenia nieder. Im Jahr 1931 kehrt sie

Karen Blixen – Farmerin in Kenia 1914–31

nach privaten Enttäuschungen und dem Bankrott ihrer Kaffeefarm nach Dänemark zurück.

1918 Der deutsche General Paul von Lettow-Vorbeck ergibt sich in Deutsch-Ostafrika den Briten erst zwei Wochen nach dem Waffenstillstand in Europa. Mit ihren 15 000 Mann starken Truppen und Märschen quer durch Ostafrika hatten die Deutschen den Gegner genarrt und britische Kontingente vom europäischen Kriegsschauplatz fern gehalten.

ab 1920 Die britische Regierung bietet ihren Kriegsveteranen Siedlungsland in Ostafrika zu einem extrem niedrigen Preis an. Als Folge erhöht sich die Zahl weißer Siedler drastisch auf 9000. Afrikaner werden in unfruchtbare Regionen abgedrängt oder müssen Arbeit auf Farmen der Europäer annehmen. Die Highlands werden zu *White* Highlands.

1931 Jomo Kenyatta reist nach England, um der britischen Regierung Beschwerden der Kikuyu-Bevölkerung vor allem wegen des Landproblems vorzutragen. Er findet kein Gehör, verbringt aber die nächsten 15 Jahre in Europa, insbesondere in England.

1938 Ngugi wa Thiong'o, einer der bekanntesten gesellschaftskritischen Schriftsteller Kenias, wird in Limuru geboren.

1939–45 Afrikaner kämpfen auf Seiten der Alliierten im Zweiten Weltkrieg. Bei Kriegsende hat sich bei ihnen die Erkenntnis durchgesetzt, dass die Europäer keineswegs unverwundbar sind. Schwarze kenianische Kriegsveteranen sind bei ihrer Heimkehr nicht mehr bereit, den Status quo ihrer Unterdrückung klaglos hinzunehmen.

Jomo Kenyatta (links) – kaserniert von den Briten während der Mau-Mau-Rebellion

1946 Jomo Kenyatta kehrt nach Kenia zurück, um die Führung der neu gegründeten ›Kenya African Union‹ zu übernehmen. Als politische Sammlungsbewegung aller Nicht-Weißen Kenias versucht die Organisation, der britischen Regierung Rechte abzutrotzen. – Als erstes Schutzgebiet des Landes wird der Nairobi National Park gegründet.

1948 In Nanyuki wird der sozialkritische Autor Meja Mwangi geboren.

1952 Die britische Regierung verhängt den Ausnahmezustand über Kenia, weil sie fürchtet, den Forderungen der Afrikaner nach politischen Rechten nicht mehr Herr zu werden. Als Reaktion darauf brechen Aufstände von schwarzen Freiheitskämpfern aus, die Mau-Mau genannt werden. Die Untergrundbewegung wird wesentlich von den Kikuyu getragen und verfolgt in zermürbendem Guerillakrieg das Ziel, die weißen Siedler aus dem Land zu treiben. Obwohl nicht direkt mit den

Am 7. August 1998 zerstört eine Bombenexplosion die US-Botschaft in Nairobi

Aufständischen verbunden, wird Jomo Kenyatta von den Briten verhaftet und muss sieben Jahre in Internierungslagern verbringen. Am Ende der Mau-Mau-Rebellion im Jahr 1956 hatten mehr als 13 500 Afrikaner und über 100 Briten ihr Leben verloren.

1960 Der Ausnahmezustand wird aufgehoben. Die britische Regierung ringt sich in den ›Lancaster-House-Gesprächen‹ dazu durch, eine Mehrheitsregierung in Kenia zuzulassen. Die Unabhängigkeit des Landes ist für 1963 geplant. Das Land erhält eine Verfassung und die neu gegründete ›Kenya African National Union‹ (KANU) wählt Jomo Kenyatta in Abwesenheit zum Präsidenten.

1963 Nach überwältigendem Sieg bei allgemeinen Wahlen stellt die KANU mit Kenyatta den ersten Premierminister Kenias. Am 12. Dezember 1963 erlangt Kenia die Unabhängigkeit, um Mitternacht wird in Nairobi der Union Jack eingeholt.

1964 Das Land nennt sich künftig Republic of Kenya.

1967 Kenia, Tansania und Uganda bilden vor allem aus wirtschaftspolitischen Gründen die East African Community (EAC).

1969 Der dem Volk der Luo entstammende Politiker Tom Mboya wird von einem Kikuyu-Mörder erschossen. Mboya galt als schärfster Konkurrent Kenyattas und als dessen künftiger Nachfolger im Amt des Premierministers.

1972 Ausgrabungen des Paläoanthropologen Richard Leakey am Lake Turkana fördern einen Prähominidenschädel zutage.

1977 Die EAC zerbricht.

1978 Am 22. August stirbt Jomo Kenyatta in Mombasa. Er hat bis zuletzt jegliche Debatte um seine Nachfolge untersagt, sodass automatisch Vize-Präsident Daniel arap Moi an seine Stelle tritt. Im Oktober wird arap Moi zum Präsidenten der KANU und der Republik gewählt.

1982 Arap Moi erklärt Kenia zum Einparteienstaat, weil er politische Konkurrenz für die KANU fürchtet. Einheiten der Kenya Air Force unternehmen einen Putschversuch, der von regierungstreuen Einheiten niedergeschlagen wird.

1984 Am Lake Turkana entdeckt Richard Leakey das gut erhaltene Skelett eines 1,5 Mio. Jahre alten Homo erectus, eines direkten Ahnen des Homo sapiens.

1992 Auf starken politischen Druck hin finden wieder Mehrparteien-Wahlen statt, aus denen die KANU unter arap Moi als Sieger hervorgeht.

1997 Vor den Wahlen im Dezember kommt es zu schweren Zusammenstößen zwischen Anhängern und Gegnern der Regierung arap Mois. Der Präsident wird erneut im Amt bestätigt.

1998 Die amerikanische Botschaft in Nairobi ist Ziel eines Bombenanschlags.

1999 Im Oktober unterzeichnen in der tansanischen Stadt Arusha Vertreter von Kenia, Tansania und Uganda einen Vertrag über die Gründung der East Africa Community. Die Organisation soll vor allem die wirtschaftliche Zusammenarbeit der drei Länder fördern.

2002 Bei den Parlamentswahlen vom 27. Dezember siegt Mwai Kibaki (NARC) und beendet damit die 39-jährige Herrschaft der KANU.

2004 Die kenianische Vize-Umweltministerin Wangari Maathai erhält als erste Afrikanerin den Friedensnobelpreis.

2006 Wegen anhaltender Dürre leiden nördliche Landesteile unter einer katastrophalen Hungersnot.

Afrika-Traum – abends liegt Rotgold über dem Land der Savanne

Unterwegs

Kenias Küste und die Nationalparks im Süden – Traumstrände, Tauchreviere und Tierparadiese

Das Einfallstor für Urlauber am Indischen Ozean ist **Mombasa**, die islamisch geprägte Hafenmetropole Ostafrikas, eine tropische Mischung aus altem arabischen und afrikanischem Erbe. Die Stadt drängt sich auf einer Insel, enge Gassen durchziehen die verwinkelte Altstadt mit ihren Häusern, die dem Besucher stolz ihre holzgeschnitzten Veranden und Balkone präsentieren. Das unter den Portugiesen errichtete Fort Jesus wacht trutzig über der Einfahrt in den Dhow Harbour, wo auch heute noch romantisch wirkende Dhaus – arabische Segelschiffe mit typischen Dreieckssegeln – festmachen, um getrockneten Fisch aus den Gewässern um die arabische Halbinsel zu leichtern.

Mombasa aber ist nur Besuchsziel für Kenia-Urlauber, die sich bevorzugt an der touristisch hervorragend erschlossenen Küste niederlassen. Wunderschöne **Bade- und Tauchreviere** an den weißen Sandstränden etwa von **Diani** oder **Malindi**, wogende Palmen über kristallklarem Wasser, Korallenriffe voll faszinierenden Fischreichtums, aber auch von wuchtigen Bäumen und wucherndem Blattwerk überwachsene **Ruinen** im arabisch-swahilischen Stil garantieren hier den Besuchern unvergessliche Urlaubsfreuden.

Im Norden der kenianischen Traumküste bezaubert der Archipel von **Lamu** mit paradiesisch anmutenden Inseln und dem geheimnisvoll orientalisch geprägten Hauptort gleichen Namens. Lamu gewinnt seinen einzigartigen Reiz durch die gelassene Atmosphäre und Ruhe in seinen pittoresken Gassen. Esel dominieren das Straßenbild – Autos gibt es hier keine – und geben das Tempo vor.

Von den beliebten Ferienorten Nyali, Tiwi oder Diani ist es nur ein Sprung zu den herrlichen **Nationalparks** von Shimba Hills oder Tsavo. Während das **Shimba Hills National Reserve** eine dicht bewaldete Hügellandschaft mit besonders guten Möglichkeiten zur Beobachtung von Schmetterlingen und Herden von Säbelantilopen bietet, beeindruckt der **Tsavo East and West National Park** durch weite Savannen und frische Graslandschaften, aus denen sich immer wieder erloschene Vulkankegel erheben.

1 Mombasa

Plan Seite 20

Alte Hafenstadt in geschützter Insellage – eine faszinierende Symbiose aus Afrika und Orient.

Als Küstenmetropole am Indischen Ozean mit ausgeprägt orientalisch-muslimischer Atmosphäre in schwül-heißem Klima – so präsentiert sich Mombasa heute noch wie seit rund sieben Jahrhunderten. Für die meisten Besucher Kenias ist diese Stadt das Tor zu den nördlich und südlich gelegenen Küstenparadiesen und damit zu ihrem eigentlichen Reiseziel.

Die Stadt mit etwa einer halben Million Einwohner, von denen rund 70 % Afrikaner und der Rest vor allem Asiaten sowie einige Europäer sind, besitzt den bedeutendsten **Hafen** an der ostafrikanischen Küste. Doch nicht nur für die eigene kenianische Ein- und Ausfuhr, sondern auch für den Außenhandel ost- und zentralafrikanischer Staaten wie Uganda, Ruanda, Burundi und der Demokratischen Republik Kongo dient Mombasa als Hauptumschlagplatz.

Längst hat sich die Stadt über ihre 12 km^2 große Insel ausgedehnt, vor allem entlang der nördlichen und südlichen Küstenabschnitte, aber auch westwärts ins Landesinnere. Das Koralleneiland ist im Norden über den **Makupa Causeway** und im Osten über die **New Nyali Bridge** mit dem Festland verbunden. Sämtlicher Verkehr aus der Stadt in Richtung Süden bis hinunter zur tansanischen Grenze nutzt die **Likoni Ferry**, die von früh bis spät überlastet ist von Tausenden Fußgängern, von hoffnungslos überladenen LKW und überfüllten Bussen.

Mit ihrer malerischen Altstadt nahe dem **Dhow Harbour**, dem alten Hafen, der immer noch von einigen traditionellen Dhau-Segelschiffen aus dem Persischen Golf angelaufen wird, hat sich Mombasa orientalisches Flair bis in die Gegenwart erhalten. Die Dhaus durchqueren die Gewässer des Indischen Ozeans heute zwar mit kräftiger Dieselunterstützung, doch immer noch blähen sich die Segel über der Ladung, die oft aus Baumaterial für die arabischen Länder jenseits des Meeres und aus Stockfisch für Kenia besteht.

Es ist die lange, wechselvolle Geschichte, welche diese Küstenmetropole mit ihrer bunten Völkervielfalt prägt und sie zuweilen auf die Hauptstadt des Landes – das moderne, hektische und fast traditionslose Nairobi – herabblicken lässt.

Geschichte Waren vielleicht die **Phönizier** um 500 v. Chr. die ersten fremden Besucher in der Gegend um Mombasa? Man weiß es nicht genau. Sicher haben die Griechen **Diogenes** und **Ptolemäus** von Alexandrien über die Bedeutung der Küstenorte Ostafrikas berichtet, weit mehr jedoch die **Araber** seit dem 9. Jh. n. Chr. In das Licht der Geschichte trat Mombasa durch arabische Chroniken, die hier für das 12. Jh. die Existenz einer kleinen Stadt sowie die Residenz eines afrikanischen Königs vermelden. Aus der Region des Persischen Golfes siedelten sich alsbald **persische Shirazi-Familien** an, die für lange Zeit die Geschicke der Inselstadt und ihrer Umgebung bestimmen sollten.

Der portugiesische Seefahrer **Vasco da Gama** versuchte erstmals 1498 in Mombasa zu landen, doch die feindliche Reaktion seitens der Bewohner zwang ihn zur Umkehr und zur Weiterreise ins nördlich gelegene Malindi. Unter Dom Francisco

Luxus am Indischen Ozean – nördlich von Mombasa verwöhnt das Serena Beach Hotel seine Gäste mit elegantem Ambiente und herrlichem Meerblick

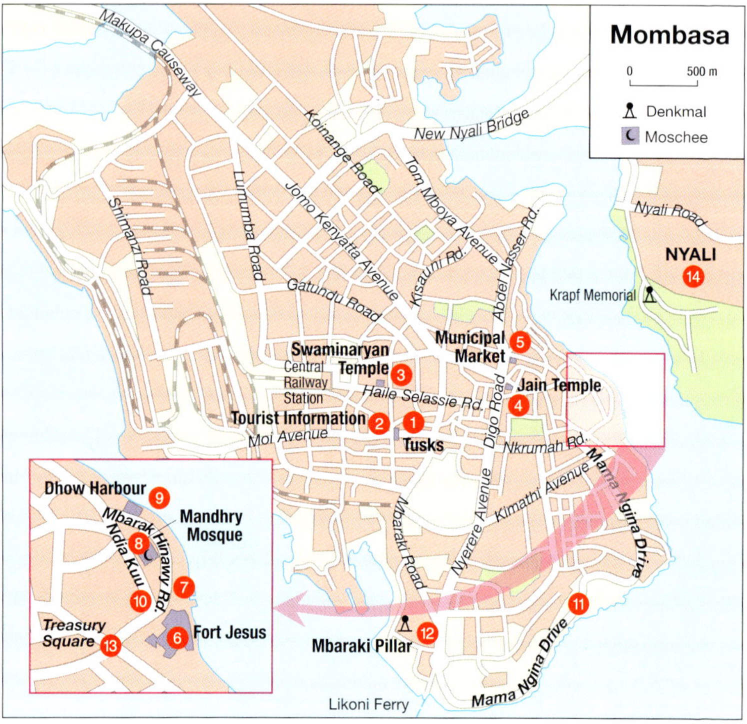

de Almeida unternahmen die **Portugiesen** 1505 einen weiteren Landungsversuch – diesmal mit 14 Schiffen und bestens ausgerüsteten Mannschaften. Mithilfe überlegener Waffentechnik – Feuerwaffen gegen Giftpfeile und Steinschleudern – gelang es schließlich, den Regenten Mombasas mit seinen Anhängern in den Dschungel zu treiben. Die Stadt wurde durch die Kämpfe völlig zerstört.

Den Portugiesen ging es um die Brechung des arabischen Handelsmonopols auf dem Indischen Ozean, insbesondere aber um die Übernahme des einträglichen **Gewürzhandels**. Pfeffer und Gewürznelken zählten dabei zu den bevorzugten Schätzen. Ständige Unruhen und Seuchen zwangen die Portugiesen wiederholt, Mombasa zu verlassen, so auch im Jahr 1528, als sie die Stadt vermutlich aus Rache bei ihrem Abzug vollständig niederbrannten. Sie segelten ins indische Goa, kehrten jedoch 1593 abermals nach Mombasa zurück, um den Bau der Festung **Fort Jesus** in Angriff zu nehmen. Diese war zum Schutz der portugiesischen Handelsniederlassung und als Symbol dauerhafter Präsenz geplant, konnte jedoch 1631 das grausame **Massaker** der Eingeborenen an den verhassten Europäern nicht verhindern, von denen keiner überlebte.

Ein Jahr später steuerte eine portugiesische Flotte von Goa aus Mombasa an, sie konnte die Stadt jedoch nicht erobern. Erst 1633, als sich der **Sultan von Mombasa** in das Hinterland zurückgezogen hatte, fiel sie kampflos an die Portugiesen. Doch damals hatte die portugiesische Herrschaft im Indischen Ozean bereits ihren Zenit überschritten – Holländer, Briten und Franzosen stiegen zu den führenden Seehandelsnationen in dieser Weltregion auf.

Als neue regionale Seemacht traten 1698 die arabischen **Omanis** den Portugiesen in Mombasa entgegen. Alle Europäer wurden nach 33-monatiger Belagerung der Stadt durch die Araber ermordet, was die Portugiesen jedoch nicht hinderte, die Metropole wenig später erneut zu erobern. Im Jahr 1729 aber unterlagen sie endgültig einer vereinigten arabischen Flotte, gleichzeitige Aufstände Einheimischer vernichteten die Europäer vollends.

Im 19. Jh. kam es an der ostafrikanischen Küste zur Rivalität zwischen dem

Sultan von Oman, der 1840 seine Hauptstadt vom arabischen Muscat auf die Insel Sansibar verlegt hatte, und der ebenfalls arabisch-omanischen, jedoch abtrünnigen **Mazrui-Dynastie**. Diese hatte in Mombasa eine von Oman weitgehend unabhängige Herrschaft errichtet. **Großbritannien**, damals die weltweit bedeutendste Seehandelsmacht, nutzte die Gelegenheit zur Sicherung ihres Einflusses auch an der Küste Ostafrikas und verhalf dem omanischen **Sultan Sayyid Said** zur Vorherrschaft über die unbotmäßigen Mazruis in Mombasa. Durch das Bündnis mit den Omanis konnten die Briten an der Küste Fuß fassen. 1895 wurde Mombasa Hauptstadt des neu gegründeten **British East Africa Protectorate**. Mithilfe dieses ›Schutzgebietes‹ versuchte die britische Regierung ihre Handelsinteressen in Ostafrika abzusichern. Die omanischen Besitzungen an der Küste unterstanden fortan britischer Kontrolle.

Um die Wende vom 19. zum 20. Jh. erlebte Mombasa einen enormen Aufschwung, als die Stadt zum Ausgangspunkt für den Bau der britischen **Uganda-Eisenbahn** wurde. Die Bahn führte zum Lake Victoria und sollte vom Indischen Ozean ausgehend das Innere Ostafrikas für Großbritannien und seine Handelsinteressen erschließen. Die Nachfahren der für den Eisenbahnbau in großer Zahl ins Land gebrachten **Inder** bilden heute das asiatische Bevölkerungselement in Mombasa und an der Küste Kenias. Auch wenn Mombasa seit 1907 den Status als Landeshauptstadt an Nairobi verloren hat, spielt es heute gleichwohl immer noch eine bedeutende Rolle als wichtigster **Güterumschlagplatz** an der gesamten Küste Ostafrikas.

Besichtigung Die in einer Bucht des Indischen Ozeans auf einer massiven Koralleninsel errichtete Stadt teilt sich in die **Old Town**, die Altstadt, und in einen modernen Teil. Während sich die engen Gassen der Altstadt im Ostteil der Insel nahe dem Dhow Harbour verzweigen, liegen Banken, größere Geschäfte, Hotels und Reisebüros im modernen Zentrum der Insel. Die Gebäude der Altstadt stammen im Wesentlichen aus dem 19. Jh., nur wenige, wie etwa die Mandhry Mosque von 1570, sind bedeutend älter.

Käuflicher Kitsch – Mombasas Moi Avenue ist ein Dorado der Souvenirläden, hier bieten auch Straßenhändler ihre Waren an, darunter ›dramatische‹ Sonnenuntergänge in Öl

Einst Willkommensgruß für eine Königin, nun das Wahrzeichen von Mombasa – die Tusks, Tore in Form riesiger Elefantenzähne, überspannen die Moi Avenue

Zähne, Tempel und Papayas

Der moderne Stadtteil Mombasas konzentriert sich auf den Kreuzungsbereich der Hauptstraßen Digo Road, Nyerere Avenue, Moi Avenue und Nkrumah Road. Eine der meistfotografierten Attraktionen überhaupt findet sich in der Moi Avenue nahe der Einmündung der Aga Khan Road. Es sind die **Tusks** 1, die vier überdimensionalen Elefantenstoßzähne aus genieteten Metallblechen, die sich über den Fahrbahnen kreuzen – ein eigens für den Staatsbesuch von Königin Elizabeth II. im Jahr 1953 errichteter Willkommensgruß. Anlaufstelle für Ratsuchende ist unmittelbar an dieser Tusks Arch die örtliche **Tourist Information** 2. Fast auf gleicher Höhe, jedoch parallel zur Moi Avenue, liegt in der Haile Selassie Road der 1955 erbaute **Swaminaryan Temple** 3. Von außen eher unscheinbar, zieren im Innern Malereien die Wände und ein kleiner *Patio* wirkt außerordentlich erfrischend. Eindrucksvoll prangt in einem Fußbodenmosaik des Gebetsraumes eine mächtige *Swastika*, ein Hakenkreuz. Den Einwanderern Indiens galt es in grauer Vorzeit als wichtiges Sonnensymbol.

Mombasas schönsten Tempel erreicht, wer der Haile Selassie Road in östlicher Richtung bis zur Einmündung in die Digo Road folgt. Nicht weit von hier, Ecke Digo und Langoni Road, erhebt sich strahlend weiß der vielfach überkuppelte und messerscharf gestaffelte **Jain Temple** 4. Zwei dunkle, bunt verzierte Elefantenskulpturen flankieren den Treppenaufgang zu diesem märchenhaften Bauwerk aus dem Jahr 1963. Die Jain Mombasas stammen überwiegend aus dem indischen Bundesstaat Gujarat und gehören zur Gruppe der Hindu-Religionen. Ihre Anhänger sind strenge Vegetarier, die im Extremfall sogar den Verzehr von Pflanzenwurzeln ablehnen. Das prachtvolle Innere des Tempels bestimmen bunt gemalte Gottheiten – mythische Gründer der Jain-Religion – an den Wänden, während sich an den Decken lebendige Szenen aus dem menschlichen Alltagsleben finden. Freunde bunten afrikanischen Markttreibens kommen auf dem **Municipal Market** 5 (ehemals Mackinnon Market) auf ihre Kosten, der an der Abdel Nasser Road, der nördlichen Verlängerung der verkehrsreichen Digo Road liegt. Herrliche Ananas und saftige Orangen türmen sich hier kunstvoll aufgebaut neben exotischen Papayas und Mangos.

Weiße Marmorpracht – der Jain Temple ist das Glaubenszentrum für strikte Vegetarier

TOP TIPP Old Town – Wehrhaftes und kunstvoll Geschnitztes

Vor allem die Altstadt Mombasas mit ihren verschlungenen Gässchen lohnt einen ausführlichen Spaziergang. Die im indischen Sansibar-Stil der Swahili-Kultur kunstvoll geschnitzten *Balkone, Erker* und *Türen* einiger Häuser schaffen unwillkürlich ein **orientalisches Ambiente**, das einen Aufenthalt in diesem Gassengewirr zu einem bleibenden Erlebnis werden lässt. Der frühe Morgen oder der späte Nachmittag eignen sich besonders für einen Bummel – dann ist es kühler und die Straßen sind belebter als zur Mittagszeit.

Günstiger Ausgangspunkt für eine Erkundung der Old Town ist das TOP TIPP **Fort Jesus** 6 (Tel. 041/31 28 39, tgl. 8.30–18 Uhr) an der südlichen Einfahrt zum Dhow Harbour. Zwischen 1593 und 1596 nach den Plänen des italienischen Baumeisters Joao Batista Cairato errichtet, diente es den portugiesischen Auftraggebern als Schutz gegen arabische Angreifer. Mit ihren 16 m hohen Mauern aus Korallenstein und tiefen Gräben hinter den Wallanlagen galt die Anlage als uneinnehmbar – indessen wechselte sie neun Mal den Besitzer. Zuletzt übernahmen sie die **Briten** 1875, nachdem sie die Festung unablässig bombardiert hatten, um einen Aufstand von Truppenführern des Sultans zu unterdrücken. Nach ihrer Nutzung als Gefängnis durch die britische Kolonialmacht seit dem Jahr 1895 – und bis 1958 – erfolgte

Mächtige Mauern und Kanonen in überragender Lage – das von Portugiesen errichtete Fort Jesus dominiert seit mehr als 400 Jahren Mombasas Seeseite

die Renovierung des Forts mit finanzieller Hilfe durch die portugiesische Calouste-Gulbenkian-Stiftung. Der gebürtige Armenier und milliardenschwere Ölmagnat **Calouste Sarkis Gulbenkian** (1869–1955) hatte während des Zweiten Weltkriegs in Portugal eine neue Heimat gefunden und zum Dank für seine Aufnahme dem portugiesischen Volk Teile seines Vermögens in Form einer Stiftung und eines großartigen Museums in Lissabon vermacht.

Das wuchtige Fort mit starken Bastionen an allen vier Ecken beherrscht die alte Hafeneinfahrt. Im seewärts gewandten Außenwerk befanden sich einst das Munitionslager und das Kommandantenhaus. Vom Wehrgang auf den Umfassungsmauern bieten sich allenthalben herrliche **Ausblicke** auf das Meer. Im Inneren der Festung warten einige besondere Attraktionen auf den Besucher: *Fresken* des 17. Jh., die die Portugiesen an den Wänden hinterlassen haben, gehören ebenso dazu wie ein **Museum** an der südlichen Wallanlage, in dem u. a. Keramik und Glas unterschiedlicher Provenienz gezeigt werden. Zu den schönsten Stücken zählen chinesisches Porzellan sowie portugiesische und persische Glaswaren. Dazu bemüht sich das Museum seit Jahren um die Bergung und Ausstellung der Fracht des 1697 vor Mombasa gesunkenen Segelschiffs Sao Antonio. Weit über 6000 Gegenstände konnten bereits angelandet werden. Beeindruckend sind ferner maßstabsgetreue Modelle von Dhaus, alte Seekarten und ein imposanter Stuhl, der aus wuchtigen Walknochen gefertigt wurde.

Arabisches Erbe – kunstvoll geschnitzte Erker findet man in Mombasas Altstadt

Bemerkenswert in der Bastion San Felipe ist das **Omani House**. Eine Landkarte informiert hier über das Netz von Handelsverbindungen der arabischen Omanis und verschiedene Möbelstücke dokumentieren den gehobenen Lebensstil in einem **Swahili-Haus**. Das Omani House hatte im Laufe der Jahrhunderte verschiedene Funktionen, u.a. diente es als Unterkunft des Gefängnisdirektors. Eindrucksvoll ist hier der Blick von der Dachterrasse auf Mombasas Altstadt.

Draußen, außerhalb des Forts, befindet sich gegenüber dem mächtigen hölzernen Eingangstor und jenseits eines kleinen Platzes die 1898 im Indischen Stil errichtete ehem. Polizeistation von Mombasa. Eingefleischten Kenia-Fahrern ist das Gebäude bekannt, weil sich hier der weithin bekannte Souvenirladen *Ali's Curio Shop* befand, der aber mittlerweile geschlossen ist.

Hält man sich nun rechts zur **Mbarak Hinawy Road** 7, kann man einige schöne *Altstadtgebäude* bewundern. Meist ein- oder zweistöckig, aus Korallenstein bestehend, weiß verputzt und mit einem Flachdach versehen, haben diese Häuser oft vergitterte Fenster und geschnitzte Holzvorbauten. Die Gebäude mit den Nummern 5 und 9 beeindrucken zudem durch interessante indische *Stuckarbeiten*. Nr. 10 ist die **Mandhry Mosque** 8 aus dem Jahr 1570 – die älteste noch benutzte Moschee Mombasas. Dieser weiß getünchte Bau besitzt, einer architektonischen Besonderheit an der Küste Ostafrikas entsprechend, ein klobig wirkendes, sich himmelwärts kegelförmig verjüngendes Minarett. Insgesamt besitzt Mombasa heute etwa zehn weitere Moscheen bzw. Reste davon.

Nahe der Mandhry Mosque spielen die brackigen Wellen des sichelförmigen **Dhow Harbour** 9 am Ufer der Insel von Mombasa. In Steinwurfweite vom Hafen-

Dhow Harbour – seit Jahrhunderten werden hier Dhaus mit Fracht beladen

kai entfernt dümpeln dieselgetriebene *Dhaus*. Unter kenianischer oder tansanischer Flagge transportieren sie heute vor allem getrockneten Fisch nach Mombasa und nehmen im Gegenzug Zement und anderes Baumaterial übers Meer hinüber nach Oman, Saudi-Arabien oder in den Jemen. Gegen ein minimales Eintrittsgeld ist es möglich, den Hafen zu betreten und zuzuschauen, wie etwa riesige gepökelte Haifische von schwitzenden Schauerleuten aus den Schiffsbäuchen geschleppt werden. Gut für die Manneskraft soll der Fisch sein. Und die schuftenden Träger? Wegen der außerordentlich schweren Arbeit zählen sie angeblich zu den Bestverdienenden in Mombasa.

Vom nördlichen Ende der Altstadt kann der Spaziergang zurück zum Fort Jesus durch die enge Straße **Ndia Kuu** 10 führen. Hier stehen noch ein paar schöne, reich verzierte Häuser mit den für Mombasa einst so typischen, nun aber immer seltener anzutreffenden geschnitzten *Türen*. Liebhaber von Antiquitäten, darunter Touristen aus Übersee, zeichnen für diesen Schwund mit verantwortlich. Der Türsturz und die Mittelpfosten besitzen in der Regel die meisten Verzierungen. Pflanzliche Motive dominieren die Ornamentik der hiesigen Türen, während etwa in Lamu an der Nordküste Kenias geometrische Muster vorherrschen. Manche der Türen Mombasas besitzen an ihrem unteren Pfostenende fünf *fingerförmige Wölbungen*, die parallel aus dem Holz gearbeitet sind. Sie symbolisieren die fünf Säulen des Islam: das Bekenntnis zu Gott, das Fasten im Monat Ramadan, die Pilgerfahrt nach Mekka, die Almosenspende für die Armen und das fünfmalige Gebet am Tag. Neben den Türen sind es vor allem die eindrucksvoll geschnitzten *Balkone* und *Erker* mancher Gebäude, die das Staunen der Besucher hervorrufen. Doch auch an ihnen ist die Zeit nicht spurlos vorübergegangen, speziell in der Mbarak Hinawy Road gab es Beschädigungen, als noch schwere Lastwagen diese Zufahrt zum Hafen nutzten und die dabei hervorgerufenen Bodenerschütterungen das Mauerwerk und die Holzarbeiten der Häuser angriffen. Um die Wende zum 20. Jh. waren die meisten Bauwerke in der ›Hauptstraße‹ der Altstadt, der Ndia Kuu, im Besitz *indischer Geschäftsleute*, während in der Mbarak Hinawy Road vor allem Regierungsgebäude der *britischen Kolonialverwaltung* sowie Banken und Konsulate zu finden waren. Mit dem Verlust des Hauptstadtstatus im Jahr 1907 hat sich die Zahl der Auslandsvertretungen in der Küstenmetropole allerdings stark verringert.

Am Südende der Insel lädt die Uferstraße **Mama Ngina Drive** 11 zu einer

Das Boot ist voll – immer dicht an dicht beladen ist die Auto- und Passagierfähre Likoni Ferry, die in 10-minütiger Überfahrt Mombasa mit der Südküste verbindet

Fahrt mit hübschen *Ausblicken* auf die Küste des Festlands ein. Unweit der Stelle, wo die Uferstraße fast den Terminal der Likoni-Fähre erreicht, erhebt sich auf Klippen über dem Wasser der knapp 16 m hohe **Mbaraki Pillar** ⓬, eine Säule aus Korallenstein, die wohl das Grabmal eines Scheichs bezeichnet und aus dem späten 17. Jh. stammt. Grabungen in unmittelbarer Nähe förderten die Grundmauern einer Moschee aus dem 17. Jh. zutage. Manchmal ist der Mbaraki Pillar nachts Schauplatz von *Fruchtbarkeitsritualen*: Swahili-Frauen opfern hier dann Hähne, um Unfruchtbarkeit zu bekämpfen.

Zwischen dem Mama Ngina Drive, der Nkrumah Road und dem Fort Jesus erstreckt sich der hübsche **Treasury Square** ⓭. An diesem Platz stehen noch einige Bauten aus der britischen Kolonialzeit, so das schwarz und weiß gehaltene Gebäude von 1905, in dem noch heute die *Distriktverwaltung* residiert. Das beigefarbene Gebäude mit den vier hellblauen Säulen an der Frontseite ist die *Town Hall*, das Rathaus.

Auf dem Festland

Ein herrliches Panorama der Old Town Mombasas mit dem Fort Jesus bietet sich vom Stadtteil **Nyali** ⓮, auf dem östlich der Insel und des Dhow Harbour gelegenen Festland. Mombasas beste Restaurant-Adresse für Meeresfrüchte, das **Tamarind**, befindet sich hier direkt am Meeresufer und eignet sich hervorragend, um die Silhouette Alt-Mombasas zu bewundern. Nur wenige hundert Meter weiter entfernt vom Restaurant kann man dem **Krapf Memorial** einen Besuch abstatten. Das auf einem würfelförmigen Sockel errichtete Steinkreuz erinnert an den schwäbischen Missionar Johann Ludwig Krapf (1810–1881), dessen Ehefrau und kleine Tochter in nahe gelegenen Gräbern bestattet sind. Und noch ein kleines Stück Geschichte hat sich hier ganz in der Nähe erhalten: Nahe beim Tamarind-Restaurant, dort, wo die Nyali Road in die Fernstraße von Mombasa nach Malindi mündet, befindet sich im Stadtteil Freretown ein **Belltower**, der in den 1880er-Jahren jene Glocke barg, welche die Einwohner vor dem Herannahen arabischer Sklavenhändler warnte. Sir Bartle Frere hatte hier eine Siedlung für freigelassene Sklaven gegründet. Noch heute leben in der Gegend Menschen mit Vorfahren befreiter Sklaven, die ursprünglich aus dem südlichen Zentralafrika hierher verschleppt worden waren.

Erlebnisreich ist eine **Hafenrundfahrt** an Bord einer Dhau, auch wenn diese mittlerweile motorisiert die Wellen pflügt. Zweimal täglich (12.30 und 18.30 Uhr) verlässt das Boot die Pier unterhalb des Tamarind-Restaurants, um seine Runde zunächst durch den Hafen in südlicher Richtung zum Fort Jesus zu beginnen und sodann unter der New Nyali Bridge eine halbe Stunde zu ankern. So können die Gäste vor allem bei anbrechender Dunkelheit die romantische Atmosphäre beim Anblick der Lichter Mombasas und dem Kreuz des Südens am Himmel über ihren Köpfen genießen.

TOP TIPP Mombasas Nordküste

Badefreuden sind an den prächtigen nördlichen **Sandstränden** zu erleben, die in unmittelbarer Stadtnähe fantastische Erholungs- und Unterhaltungsmöglichkeiten bieten. Besonders lebendig wird es hier an Wochenenden, wenn auch viele Einheimische Sonne, Sand und Meer in Geselligkeit genießen. Schwimmen, Schnorcheln, Tauchen und Windsurfen, ja sogar Kamelritte entlang des Meeresufers sind nur einige der Aktivitäten, die man hier ausüben kann. Restaurants und Hotels inmitten parkähnlicher, mit üppigen Gärten und Pool-Landschaften ausgestatteter Anlagen ziehen sich wie Perlen einer Kette die Küste nach Norden hinauf. Allzu schlimme Bausünden wurden hier glücklicherweise vermieden.

Nyali Beach ist der Strand, der in nördlicher Richtung dem Zentrum Mombasas am nächsten liegt. Zugang für Gäste, die nicht in einem der Strandhotels logieren, erfolgt direkt neben dem Entree zum Nyali Beach Hotel. Ähnlich wie Nyali Beach bietet 10 km nördlich von Mombasa auch **Bamburi Beach** weite weiße

Bekannt für seine köstliche Auswahl an Meeresfrüchten ist das Tamarind in Nyali

Lebendig und unbeschwert sind die Strandvergnügen an Mombasas Nordküste

Bamburi Quarry Nature Trail – im rekultivierten Grün der ehem. Portland-Zementfabrik fühlen sich Giraffen, Antilopen und viele andere Wildtiere sichtlich wohl

Strandflächen, die unbeschwertes Baden im kristallklaren Wasser ermöglichen. Haie, die sich durchaus in den Gewässern vor dem Ufer tummeln, werden durch die vorgelagerten *Korallenriffe* abgehalten. Fast jedes Hotel an diesem Küstenabschnitt bietet Fahrten hinaus zum Riff mit *Glasbodenbooten*, die unvergessliche Einblicke in die schillernde Unterwasserwelt ermöglichen.

Nyali ist Mombasas Nobelvorort mit dem bereits erwähnten Tamarind Restaurant. Gegenüber dem *Nyali Golf and Country Club*, dessen gepflegtes Areal sich in unmittelbarer Meeresnähe befindet, lohnt der Besuch des **Mamba Crocodile Village** (tgl. 8.30–18.30 Uhr). Die 7 km nördlich von Mombasa gelegene Krokodilfarm zeigt etwa 10 000 dieser Echsen und soll die größte ihrer Art in Afrika sein. Das Gelände ist durch kleine Holzbrücken, Wasserfälle und Bäche abwechslungsreich gestaltet und erhält seinen besonderen Reiz dadurch, dass es in einen botanischen Garten integriert ist, zu dem auch eine großartige *Orchideensammlung* gehört.

Rund 3 km nördlich der New Nyali Bridge befindet sich nahe der nach Malindi führenden Fernstraße B 8 das **Bombolulu Craft Centre** (www.apdkbombolulu.com, Mo–Sa 8–17 Uhr), ein seit 1969 existierendes Zentrum für Kunsthandwerk, in dem Körperbehinderte, vor allem an den Folgen von Kinderlähmung leidende, arbeiten. Man kann den Künstlern zuschauen und in einer *Verkaufsausstellung* günstig hochwertige Artikel erstehen – hauptsächlich Schmuck, Specksteinarbeiten und Holzschnitzereien. Hier erwartet außerdem ein kleines *Restaurant* seine Gäste, in dem häufig farbenfrohe Tanzvorführungen stattfinden. Ein *Freilichtmuseum* zeigt schließlich aus Holz, Lehm und Stroh gefertigte Gehöfte der Samburu, Kikuyu und Massai, jeweils mit Haupthaus und Vorratshütten – ein interessanter Einblick in die Wohnkultur dieser kenianischen Völker.

Etwa 4 km nördlich von Bombolulu und ebenfalls direkt an der B 8 gelegen, wartet der **Bamburi Quarry Nature Trail** (tgl. 8–17 Uhr) auf einer Fläche von 2 km^2 mit einem bemerkenswerten Biotop auf. Seit dem Jahr 1971 renaturierte hier der Schweizer Landwirtschaftsexperte René Haller das öde Gelände einer ehem. Zementgrube und schuf eine blühende Landschaft, in der sich wieder vielerlei Tiere wohl fühlen. Mit mehreren Umweltpreisen ausgezeichnet, verbindet das *Bamburi-Projekt* ökologische und ökonomische Zielsetzungen – angepasste Landwirtschaft, die sich finanziell selbst trägt und zudem für Arbeitsplätze sorgt. Einige Flächen wurden wieder aufgeforstet und in speziellen Baumschulen gedeihen *einheimische Hölzer* – verschiedene Palmenarten, Conocarpus- und Casuarinabäume –, die anschließend vermarktet werden. Verschiedene Arten des *Tilapia-Fisches* werden gezüchtet und an Geschäfte sowie Restaurants verkauft. Bamburi lohnt einen mindestens zweistündigen Besuch, bei dem u. a. Antilopen, Giraffen, Wildkatzen, Flusspferde, Krokodile und verschiedene Vogelarten beobachtet werden können. Fachkundige Führungen erschließen das Areal nahe der Portland-Zementfabrik, deren hässliche Bauten bereits von ferne sichtbar sind.

Ruinenstadt am Meer

Nicht nur Schätze der Natur locken in die nördlichen Randgebiete Mombasas, auch historisch Interessierte kommen hier auf ihre Kosten. Rund 20 km von der Stadt entfernt und direkt am Meeresufer von Jumba liegen bei der New Mtwapa Bridge, welche die Bucht von Mtwapa überspannt, die Ruinen von **Jumba La Mtwana**. Der Swahili-Name bedeutet ›Haus des Sklaven‹. Der dschungelartige Bewuchs der Baureste in unmittelbarer Nähe zum tropischen Meer taucht das Ruinenfeld in eine geheimnisvolle Stimmung. Gesteigert wird das Mysteriöse dieses Ortes noch, wenn nach einem kräftigen Regenschauer ein scharfer Sonnenstrahl Abermillionen glitzernder Wassertröpfchen hier zum Funkeln bringt. Dass Jumba La Mtwana im 14. Jh. eine blühende *Swahili-Siedlung* war, bezeugen die Ruinen einiger Moscheen und Häuser sowie ein islamischer Friedhof – heute allesamt von mächtigen **Baobabs** (Affenbrotbäumen) umstanden. Faszinierend sind die Überreste der *›Moschee am Meer‹*, die noch einen separaten Gebetsraum für Frauen und die Zisterne für die rituellen Waschungen erkennen lassen. Das *›Haus der vielen Türen‹* diente vermutlich als einfaches Gasthaus, private Wasch- und Toiletteneinrichtungen standen offenbar jedem Gast zur Verfügung. Sklaven und Elfenbein bildeten die Haupthandelsgüter dieses Ortes, der im 16. Jh. aus unbekannten Gründen verlassen wurde.

TOP TIPP

Praktische Hinweise

Information

Mombasa & Coast Tourist Association, P.O. Box 99596, Mombasa. Tourist Information in der Stadt: Moi Avenue, nahe der Tusks Arch, Tel. 041/22 54 28, www.mombasainfo.com

Flughafen

Moi International Airport, Mombasa, ca. 10 km außerhalb des Zentrums.

Geheimnisvolle Ruinenstadt am Meeresufer – Jumba La Mtwana bewahrt dschungelartig überwucherte Reste einer im 14. Jh. blühenden Swahili-Siedlung

Pool-Landschaften vom Feinsten bieten die großen Küstenhotels rings um Mombasa – Touristenherz, was willst du mehr?

Transfer zu den Hotels der Stadt und den nahe liegenden Stränden mit hoteleigenen Kleinbussen oder Taxen. Günstiger Geldumtausch im Flughafen.

Schiff

Likoni Ferry: Im ständigen Wechsel setzen zwei Fähren zur Südküste über, Abfahrt ca. alle 15 Min. von der Südspitze der Insel (am Ende der Nyerere Avenue), nachts nur stündlicher Transfer.

Hotels

Die weitaus meisten ausländischen Besucher bevorzugen im Rahmen von Pauschalreisen die Hotels und Klubanlagen an den Stränden in Stadtnähe. im Zentrum Mombasas sind das Sapphire sowie the Polana Hotel besonders empfehlenswert.

*******Mombasa Serena Beach Hotel**, Shanzu Beach, Tel. 041/548 57 21, Fax 041/548 54 53, www.serenahotels.com. Mitglied der Gruppe ›Leading Hotels of the World‹. Vom Indischen Ozean nur durch eine Palmenreihe getrennt, bietet diese luxuriöse Anlage eine prachtvolle Pool-Landschaft inmitten eines geschmackvoll arrangierten Wohnkomplexes. Möglichkeiten zum Tauchen, Windsurfen, Hochseeangeln und Schnorcheln im vorgelagerten Korallenriff.

******Severin Sea Lodge**, Bamburi Beach, Tel. 041/548 50 01, Fax 041/548 52 12, www.severin-kenya.com. Hotel, umgeben von einem Palmenhain, mit hervorragenden Wassersportmöglichkeiten, jedoch kein Strand bei Flut.

******Traveller's Beach**, Traveller's Beach, Tel. 041/548 51 21, Fax 041/548 56 78, www.travellersbeach.com. Großzügige Hotelanlage mit kleinen Geschäften, zahlreichen Sportangeboten, schönen Gärten. Hier gibt es eines der besten Frühstücksbuffets der Nordküste.

******Whitesands**, Bamburi Beach, Tel. 041/548 59 26, Fax 041/548 56 52, www.sarovahotels.com. Harmonisch zwischen Palmen, Poolanlagen und Gärten eingebetteter Hotelkomplex. Bar mit grandiosem Blick, viel besuchte Disco.

*****Hotel Le Soleil**, Kikambala Beach, Tel. 041/321 96, Fax 041/321 64, www.lesoleilkenya.com. Gepflegte Anlage inmitten üppiger Gärten am feinsandigen Strand von Kikambala.

*****Reef Hotel**, Nyali Beach, Tel. 041/47 17 71, Fax 041/47 13 49. Mittelklassehaus in weitläufiger tropischer Gartenlandschaft direkt am Strand. Vielfältige sportliche Angebote erwarten die Gäste.

*****The Polana Hotel,** Maungano Road, Mombasa, im modernen Zentrum,

Tel. 041/22 21 68, Fax 041/22 91 81. Neueres Hotel, das Restaurant ist auf indische Speisen spezialisiert.

Hotel Kenya Beach, Kenyatta Beach, Tel. 041/548 58 21, Fax 041/548 55 74. Komplex in herrlicher Strandlage mit tropischer Vegetation.

Hotel Sapphire, Mwembe Tayari Road, Mombasa, im nördlichen Teil des modernen Zentrums gelegen, Tel. 041/249 48 41, Fax 041/249 52 80. Moderner Hotelkomplex mit Swimmingpool und Restaurant, das vor allem indische und chinesische Gerichte serviert.

Restaurants

Fort Jesus, Mombasa, Tel. 041/47 22 13. Stilvoll eingerichtetes Restaurant im alten Fort, wechselnde Menüs mit SwahiliSpezialitäten – Currygerichte, viel Fisch, Hähnchen in Kokosmilch.

Recoda, Nyeri Street, Altstadt, Mombasa, ohne Telefon. Erst abends geöffnet, dann aber ein hervorragender Ort, um typische Swahili-Gerichte wie Mushkaki (Schaschlikspieße) und die krapfenähnlichen Mandazis, vor allem aber Fisch zu genießen (während des Ramadan geschl.).

TOP TIPP **The Tamarind**, Mombasa, auf dem Festland in Nyali, Tel. 041/47 46 00. In herrlicher Bougainvillea-Umgebung mit fantastischem Panoramablick auf die Old Town Mombasas. Das Tamarind ist eines der berühmtesten Restaurants des Landes und lohnt vor allem wegen der köstlichen Meeresfrüchte einen ausgiebigen Besuch. Wer sich beim Dinieren gerne den Wind um die Nase wehen lassen möchte, kann dies an Bord eines Restaurantschiffes erleben, dem **Tamarind Dhow** (www.tamarind dhow.com).

Lecker dargeboten – Fisch gibt es an Kenias Küste frisch und variantenreich

2 Diani Beach und die Südküste

Lebe deinen Urlaubstraum ...

Gut 100 km erstreckt sich die Fernstraße A 14 von Mombasa aus südwärts hinunter bis zur tansanischen Grenze bei Lunga Lunga. Hat man sich erst einmal mit der Fähre durch das **Likoni-Nadelöhr** im Süden Mombasas gequält, eröffnen sich zahlreiche Möglichkeiten für Abstecher von der A 14 zu den nahen **Stränden**, die meist in etwa 3 km Abstand parallel zur Straße liegen. Die hügelige Landschaft entlang der A 14 bestimmen **Kokospalmen, Mango-** und **Cashewnussplantagen** sowie eine Unmenge bunter Hinweisschilder für Hotels und Restaurants am Meer. Die weißen Sandstrände sind die Attraktion für Touristen in dieser Gegend, Korallenriffe vor dem flachen Ufer bieten einen natürlichen Schutz vor ungebetenen Großfischen des Meeres.

Beach, Busch und Masrui

Shelly Beach, Tiwi Beach und der schon legendäre Diani Beach sind – in dieser Reihenfolge – die Hauptstrände südlich von Mombasa. Im Gegensatz zum nächstgelegenen recht schmalen Sandstreifen von **Shelly Beach** verfügt **Tiwi** über einen breiteren Strand und vermittelt mit seinem palmengesäumten Meeresufer schon weit eher die Stimmung eines Tropenparadieses. Hier fehlen (noch) Hotelanlagen, dafür gibt es preiswerte Zimmer und Cottages zu mieten.

TOP TIPP Kenias Bilderbuchstrand liegt knapp 40 km südlich von Mombasa: **Diani Beach** bedient mit 8 km Länge, mit schlanken Palmen und dem feinen hellen Sand die schönsten Klischees von Sonne, Strand und Meer. In prachtvollen Türkistönen breitet sich das Meer kristallklar längs des blendend weißen Strands aus. Eine sanfte Brise spielt in den

Palmblättern über dem Sand, Glasbodenboote bringen Gäste vom Ufer hinaus zum Riff mit seiner farbenprächtigen Unterwasserwelt aus Korallen und tropischen Fischen, derweilen Freunde des Golfs auf einer herrlichen 18-Loch-Anlage ihrem Sport frönen. Zahlreiche, meist strahlend weiße und geschmackvoll gestaltete Hotelkomplexe mit weitläufigen, liebevoll gepflegten Gärten schmiegen sich hier in die Reste alter Palmenhaine. In lockerer Folge unterbrechen Restaurants, Banken und Boutiquen die Kette der Hotels.

Diani Beach eignet sich hervorragend für alle Arten von **Wassersport**. Schwimmen, Schnorcheln und Tauchen sind ebenso möglich wie Surfen, Wasserski oder Hochseeangeln. Ein Preisvergleich zwischen den Angeboten der Hotels und Geschäfte empfiehlt sich allemal.

Viele sehr alte **Baobabs** lassen sich in dieser Gegend bewundern. Ein wunderschönes Exemplar steht auf einer Rasenfläche der *Leisure Lodge*, die sich nördlich der Abzweigung der Straße nach Ukunda befindet. Ebenfalls imposante Baobabs umfangen an der Mündung des Mwachema River in den Ozean die alte **Diani Persian Mosque** (auch Kongo-Mosque). Das Bauwerk, das in seinen ältesten Teilen aus dem 15. Jh. stammen soll, erinnert außen an ein riesiges Grabmal und ist recht gut erhalten. Deshalb wird unter den Muslimen an der Südküste Kenias derzeit auch darüber debattiert, ob das Gebetshaus in dieser Funktion eines Tages wieder benutzt werden soll. Erbaut wurde die Moschee wohl von Einwanderern aus dem persischen Shiraz, die im 14. Jh. die wirtschaftlich tonangebenden Familien an der ostafrikanischen Küste zwischen Mogadischu im Norden und Kilwa im Süden stellten.

Der **Jadini Forest** am südlichen Ende der Diani Road ist ein letztes Überbleibsel des einst hier überall wuchernden Regenwaldes. Zahlreiche Affen, Vogelarten und zierliche Schmetterlinge sind hier immer noch zu Hause – so lange, bis auch dieser Wald vielleicht einer Hotelanlage wird weichen müssen. Spannend und reizvoll sind die von den großen Hotels organisierten *Nachtwanderungen* durch das Dickicht, wenn manch ein neugieriges Augenpaar aus dem Dunkel dem Wanderer entgegenleuchtet.

In **Gazi**, 12 km südlich des Ortes Ukunda, der in Höhe von Diani Beach im Landesinneren liegt, haben sich Reste von Gebäuden aus der Zeit der arabischen Mazrui-Dynastie erhalten, die hier im späten 18. Jh. herrschte. Das 150 Jahre alte *Herrenhaus* des Sheik Mbaruk bin Rashid

◁ *Tropenparadies der Südküste – am Diani Beach gehen Urlaubsträume in Erfüllung*

dient heute als Grundschule und lässt, sofern man es außerhalb der Schulstunden besichtigt, noch seine einstige Würde erahnen, wenn man die schwere hölzerne Decke betrachtet, über der sich früher ein weiteres Stockwerk erhoben hat. Der Weg zu diesem Anwesen muss an der A 14 bei Gazi erfragt werden, da kein Schild darauf verweist. **Sheik Mbaruk** führte im Jahr 1895 eine Rebellion der Mazrui gegen die Briten an, in deren Verlauf er sich auch deutscher Unterstützung bediente. Zur Niederwerfung des Aufstandes entsandten die Briten eigens Truppen aus Indien. Der Sheik musste schließlich kapitulieren und ging ins Exil nach Deutsch-Ostafrika. Er soll im Übrigen seine Gefangenen dadurch gefoltert haben, indem er sie über brennenden Chilis halb ersticken ließ.

Inselhüpfen

Die Meeresbucht von Gazi unweit des Ortes ist üppig mit Mangroven bewachsen. Dicht vor der flachen Küste schwimmt **Chale Island**, Privatbesitz in deutscher Hand. Das *Restaurant* auf dem Inselchen heißt jedoch Tagesbesucher durchaus willkommen. Eine unbefestigte Straße führt von der A 14 über das Dörfchen Kinondo nach *Chale Point* auf einer Landzunge an der Bucht von Gazi, von dort setzen Boote zur Insel über.

Ein noch recht wenig besuchter und durch den Wechsel von Sandflächen und Felsklippen abwechslungsreicher Strand erstreckt sich bei **Msambweni**, wieder zurück an der A 14, auch wenn hier inzwischen ebenfalls Hotels errichtet wurden. Wandert man den herrlichen Strand südwärts entlang, gelangt man bei Ebbe über einen schmalen, seichten Kanal nach **Funzi Island** (mit dem Auto fährt man bis Ramisi, zweigt hier links nach Bo-

Aufbruch zum Inselhüpfen – Diani Beach bietet herrliche Strände und kristallklares Wasser

Vorzeitliche Unterwasserwelt auf trockenem Boden – im Coral Garden auf Wasini Island sind bizarre Formationen versteinerter Korallen zu entdecken

do ab, von wo ein Boot zur Insel übersetzt). Traumhafte Strände, die mit malerischen Felsklippen durchsetzt sind, sowie dicht bewaldete Ufersäume vermitteln hier unvergessliche Eindrücke. Den totalen Inselfrieden vervollkommnet ein Aufenthalt in einem der luxuriös eingerichteten, inmitten eines romantischen Mango-Hains gelegenen Zelte des *Funzi Island Clubs* (Tel. 040/320 20 44, Fax 040/320 23 46, funzicamp@africaonline.co.ke), der auch Startpunkt für Dhau-Exkursionen zu fantastischen *Tauchrevieren* nahe der Insel ist. Funzi Island ist darüber hinaus ein Mekka für *Ornithologen*, machen doch hier Zugvögel Station auf ihren langen Reisen nach Norden und Süden.

Auf dem Festland gegenüber der Insel liegt **Kifunzi** (›Klein Funzi‹), auch Shirazi genannt, dessen Bewohner sich als Nachkommen der persischen Einwanderer betrachten. Die Menschen rangen den Weiler dem Mangrovenwald ab, sie kultivierten das Land und folgen noch heute einem ruhigen Lebensrhythmus in exotischer Umgebung. *Fisch* ist wesentlicher Teil ihrer Ernährung und die Feldfrüchte ihrer bescheidenen Gärten treffen auch den Geschmack häufig einfallender Affen.

65 km südlich von Mombasa zweigt von der A 14 eine Straße nach **Shimoni** ab, das exponiert an der Spitze einer Halbinsel liegt. Der Ort am *Pemba Channel* – die gleichnamige tansanische Insel ist nur ca. 50 km südöstlich entfernt – ist landesweit als *Hochseeangler-Dorado* bekannt. Bereits vor Jahrzehnten wusste schon Ernest Hemingway die märchenhaften Fischgründe dieser Region zu schätzen – Marlin, Makrelen und Haie bildeten damals wie heute die ›sportlichen‹ Gegner der Jünger Petri.

Interessant sind bei Shimoni die **Shimvo Caves**. Mit ihrer Länge von mehr als 10 km sind diese Höhlen bisher nur wenig erforscht, kein Wunder, dass sich manche Geschichten um ihre Vergangenheit ranken. Dienten sie vielleicht früher als ›Lagerplatz‹ für Sklaven vor deren Abtransport nach Arabien? Oder hielten sich einheimische Stämme im Kriegsfall hier versteckt? Wahrscheinlich schließt eines das andere nicht aus – Reste von Ketten an den Höhlenwänden bezeugen jedenfalls den Aufenthalt von Sklaven.

Shimoni vorgelagert und von hier aus per Boot anzusteuern ist **Wasini Island**. Auf der 5 km langen und 1 km schmalen autofreien Insel kann man Reste der Swahili-Kultur sozusagen ›live‹ kennen lernen. Das Flair vergangener Epochen vermitteln hier nicht zuletzt Ruinen aus islamischer Zeit, darunter ein kleines *Säulengrab* mit chinesischen Porzellanintarsien an den Wänden. Das Leben auf der Insel ist durch eine überaus gelassene Atmosphäre geprägt, Hektik scheint tatsächlich ein Fremdwort zu sein. Man kann Frauen beobachten, die Matten für ihre einfachen Häuser weben, oder Fischern zuschauen, die ihre Netze flicken und die Reusen reparieren. Das *Wasini Island Restaurant* hält wunderbare Fischspezialitäten bereit, die nach Swahili-Art zubereitet werden.

TOP TIPP Taucher und Schnorchler kommen vor Wasini Island im **Kisite-Mpunguti Marine National Park** voll auf ihre Kosten. Boote zur Überfahrt liegen in Shimoni bereit, auch von Diani Beach aus werden Ausflüge in dieses *Meeresschutzgebiet* angeboten (Informationen und Buchungen über Jadini Beach Hotel, Tel. 040/320 20 03). Farbenprächtige Korallenfische, Meeresschildkröten und Delphine begeistern das Auge des Naturfreundes. Die schöns-ten Tauchgründe befinden sich am äußeren Rand des *Coral Garden*. An Land laden versteinerte Korallen in bizarren Formationen zu einem unwirklich anmutenden Bummel durch eine vorzeitliche Unterwasserwelt ein – vielleicht just nach einer realen, unvergesslichen Expedition hinab in die zauberhaften Tiefen des glasklaren Meeres. Die Korallengärten selbst geraten heutzutage nur bei besonders starker Flut unter Wasser.

i Praktische Hinweise

Information

Mombasa & Coast Tourist Association, P.O. Box 99596, Mombasa, Tourist Information in der Stadt: Moi Avenue, nahe der Tusks Arch, Tel. 041/22 54 28, www.mombasainfo.com, ferner durch die nachfolgend genannten Hotels.

Hotels

*******Diani Reef**, Diani Beach, Tel. 040/320 27 23, Fax 040/320 21 96, www.dianireef.com Im maurischen Stil errichtete Anlage oberhalb des Strandes an Korallenfelsen gelegen mit 7 Restaurants und einer eigenen Tauchschule.

***** **Indian Ocean Beach Club**, Ukunda, Tel. 040/320 37 30, Fax 040/320 35 57, www.jacarandahotels.com. Eines der neuesten Hotels in Kenia, im Swahili-Stil am strahlendweißen Strand.

******Baobab Beach Resort**, Ukunda, Tel. 040/320 26 23, Fax 040/320 20 32, www.baobab-beach-resort.com. Großzügige Klubanlage unter deutscher Leitung direkt am Strand mit romantischen Bungalows. Ein Naturpfad ermöglicht Vogelbeobachtungen.

******Kaskazi Beach**, Diani Beach, Tel. 040/320 31 70, Fax 040/320 22 33. Haus mit interessanter Architektur inmitten üppigen Grüns, alle Zimmer mit Balkon. Im Garten Reste einer kleinen Moschee.

******Leisure Lodge**, Diani Beach, Tel. 040/320 26 20, Fax 040/320 20 46, www.leisurelodgeresort.com. Die von Schweizern geleitete und bei Deutschen beliebte Anlage ruht auf einem 10 m hohen Korallenfelsen über dem Meer.

******Southern Palms Beach Resort**, Diani Beach, Tel. 040/320 33 60, Fax 040/

Aufgetaucht – Rückkehr von einer erregenden Tour in der faszinierenden Unterwasserwelt des Kisite-Mpunguti Marine National Park

320 33 81, www.southernpalmskenya.com. Geräumiges und schön gelegenes Hotel mit einem herrlichen Pool.

***Africana Sea Lodge**, Diani Beach, Tel. 040/320 26 24, Fax 040/320 21 45. Beliebtes Ferienhotel in fantastischer Strandlage.

***Leopard Beach**, Diani Beach, Tel. 040/320 27 21, Fax 040/320 34 24, www.leopardbeachresort.com. Das gut geführte Haus liegt in gepflegten tropischen Gärten, Stufen führen zum Strand hinunter.

Restaurants

Ali Barbour's Cave Restaurant, Diani Beach Rd., Diani Beach, Tel. 040/320 20 33. In einer Korallenhöhle untergebracht, bietet dieses originelle Restaurant vor allem leckere Meeresfrüchte sowie französische Gerichte (nur abends geöffnet).

Boko Boko, Diani Beach Rd., Diani Beach, Tel. 040/320 23 44. Traditionsreiches Haus in idyllisch angelegtem Park mit pikanter Seychellenküche.

Maharani, Diani Beach Rd., Diani Beach, Tel. 040/320 24 39. Das eindrucksvolle Bauwerk erinnert nicht nur äußerlich an Indiens Tadsch Mahal, auch die Speisekarte enthält vor allem indische Spezialitäten (Mi geschl.).

Shimba Hills National Reserve – grüner Park im Hinterland der Küste

Wasini Island Restaurant and Bar, Ukunda, Tel. 040/320 23 31. Haus in fantastischer Umgebung, Spezialität: Meerestiere à la Swahili – mit viel Früchten und Kokosmilch (Mo geschl.).

3 Shimba Hills National Reserve

TOP TIPP *Ein erfrischendes Refugium für Elefanten, Antilopen und bunte Falter.*

Auch wenn der Name ›Simba‹ (Swahili für ›Löwe‹) die Anwesenheit der königlichen Raubkatze suggeriert, kann das **Reservat** (tgl. 8–16 Uhr, Information unter Tel. 040/41 59) heutzutage doch nicht mit solcher Attraktion aufwarten. Trotzdem lohnt ein Abstecher zu diesem 310 km^2 großen Schutzgebiet, das nur 40 km südwestlich von Mombasa im Hinterland der Küste liegt. Aufgrund der Meereshöhe von etwa 500 m herrscht hier im Vergleich zu den Stränden am Ozean oft eine wohltuende Kühle. Die Straße zum Eingangstor bei dem Örtchen **Kwale** eröffnet immer wieder prächtige Ausblicke auf den Indischen Ozean.

Das Reservat eignet sich hervorragend für kleine Fußmärsche, zumal die Wege im Gelände gut ausgeschildert sind und eine nützliche Karte vor Ort erworben werden kann. Ausgangspunkt für geführte Wanderungen ist die **Shimba Hills Rainforest Lodge** – bezaubernd ist der Gang am frühen Abend (Start 16.30 Uhr). Von der Restaurant-Terrasse aus lassen sich wunderbar Elefanten und andere Säuger beobachten, die zur Wasserstelle unmittelbar vor der Veranda kommen.

Unter Kennern – manche halten das Reservat für einen Geheimtipp unter Kenias Schutzgebieten – ist Shimba Hills berühmt für seine **Waldelefanten**-Population. Diese Dickhäuter sind kleiner als ihre anderen afrikanischen Verwandten. Vor allem aber kann sich Shimba Hills seiner Herden eindrucksvoller **Rappenantilopen** rühmen, die wohl die schönste Antilopenart überhaupt ist. Charakteristisch für ihr Aussehen sind ihre säbelförmigen und stark geringelten Hörner, die bis zu 1,60 m lang werden können. Auch grazile **Schmetterlinge** gaukeln häufig über die Staubpisten von Shimba Hills und nicht selten kann man beobachten, wie Forscher mit Netzen versuchen, die herrlichen Falter einzufangen.

Doch nicht nur die Fauna macht das Reservat besuchenswert: Auch eine artenreiche **Pflanzenwelt** ist hier zu Hause, die nicht zuletzt dem hügeligen Landschaftsbild in unmittelbarer Küstennähe geschuldet ist. Es herrschen dicht bewachsene Berghänge mit Dschungelcharakter vor, der aus dem immer warmen Klima und häufigen, ergiebigen Regenfällen resultiert.

i Praktische Hinweise

Information

P.O. Box 30, Kwale, Tel. 040/41 59

Hotel

*****Shimba Hills Lodge,** Shimba Hills, Tel. 041/222 96 08, Fax 041/222 91 21. Ein uriges, vollständig aus Holz errichtetes Refugium mit einem gemütlichen Restaurant im Regenwald. Alle Zimmer mit Ausblick auf die wildreiche Wasserstelle direkt bei der Lodge.

Säbelförmig gehörnt – nur noch in den Shimba Hills lebt die Rappenantilope

4 Kilifi

Mondäne Jachten in malerischer Bucht.

Knapp 60 km nördlich von Mombasa, die Fernstraße B 8 durchquert hier ausgedehnte Sisal- und Cashewnussplantagen, überspannt seit 1991 eine von Japanern finanzierte Brücke den **Kilifi Creek**, eine besonders schöne Bucht, die rund 8 km ins Festland einschneidet. Kilifi ist vom internationalen Pauschaltourismus weitgehend unberührt geblieben, dafür erfreut es sich bereits seit den 1930er-Jahren ausgesprochener Beliebtheit bei wohlhabenden, meist britischen Pensionären. Sie haben weite Teile des hügeligen Geländes oberhalb der Bucht aufgekauft und mit eindrucksvollen Häusern bebaut – allesamt mit fantastischem Blick auf den Ozean.

Stellenweise dicht mit Mangroven bewachsen, bietet der Creek von November bis April ein besonders farbenprächtiges Spektakel, wenn Schwärme von **Bienenfressern** sich hier niederlassen, um zu ihren Balzplätzen zu gelangen.

Erntezeit – Sisalplantagen prägen das Bild der Küstenregion um Kilifi

Schätze des Meeres – paradiesische Tauchgründe locken vor Takaungu in die Tiefe

Kilifis Meeresbucht eignet sich besonders zum **Segeln** und im kleinen Hafen liegen meist Jachten aus alles Welt, deren Skipper in der Hotelbar des nördlich gelegenen ›Sea Horse Inn‹ einen bekannten Treffpunkt haben. Der Ort selbst bietet zwei Moscheen, die sehenswerte moderne **Majid ul Noor** am nördlichen Ortsausgang ist mit grüner, blauer und weißer Farbe hübsch gestaltet und verfügt über ein imposantes Minarett. Nützlich für den Besucher Kilifis sind ein lebhafter offener **Markt** (Sa–Do), Geschäfte und Banken sowie eine kleine Buchhandlung.

Bislang von Touristen eher vernachlässigt ist die **Ruinenstätte Mnarani** auf einer Anhöhe des südlichen Buchtufers. Vor allem wegen ihrer exponierten Lage über dem Creek ist diese *Swahili-Siedlung* aus dem 14. Jh. einen Abstecher wert, romantisch ist der Platz vor allem bei Sonnenuntergang, wenn das Meerwasser in vielen Farben changiert. Mnaranis Ruinen umfassen Reste einer *Stadtmauer*, die *Große Moschee* mit einer schönen arabischen Inschrift sowie ein hohes *Säulengrab*. Schauer über den Rücken jagt ein Blick hinab in den tiefen *Brunnen* nahe der Großen Moschee, dessen Wasserspiegelhöhe mit der des Creek identisch ist. Wie so viele Swahili-Städte an der Küste ging Mnarani am Ende des 18. Jh. infolge kriegerischer Einfälle von Galla-Stämmen aus dem nördlich gelegenen Somalia unter. Nur wenige alte Küstenorte, wie Lamu im Norden und Mombasa im Süden, verschonten die Galla.

Takaungu und Arabuko-Sokoke Forest

Etwa 10 km südlich von Kilifi zweigt von der Küstenstraße B 8 eine Piste zum Fischerdorf **Takaungu** ab, das sich an eine weitere schmale Bucht schmiegt. In der Ortsmitte erhebt sich die *Grabstätte* des letzten Sultans der arabischen Mazrui-Dynastie von Mombasa. Er war 1837 nach seinem Sturz hierher verbannt worden. Das Dorf mit seiner Swahili-Bevölkerung vermittelt noch einen Eindruck davon, wie Kenias Orte am Indischen Ozean ausgesehen haben mögen, bevor sich der Tourismus ausbreitete. Weiß getünchte Häuser säumen ruhige Sträßchen, drei einfache Moscheen bezeugen den *islamischen Charakter* der Siedlung.

TOP TIPP Im Osten (1 km) lädt der herrliche Strand **Takaungu Beach** zum Sprung ins kühle Nass. In Ufernähe ist das Wasser kristallklar und leuchtet in allen Blautönen. Das Riff verspricht hier spektakuläre Tauchgänge, denn mehr als 20 m stürzen hier fantastische Steilwände in die Tiefe. Grellbunte Tropenfische, schlank oder kugelig, durchstreifen diese wahrlich faszinierende Unterwasserwelt zuhauf.

Nördlich von Kilifi zieht die B 8 durch hübsche Küstenorte unter hohen Palmen. Linker Hand dehnt sich der geschützte **Arabuko-Sokoke Forest** (ca.

400 km²) aus, der noch etwas von der ursprünglich hier vorherrschenden Küstenvegetation ahnen lässt. Riesige *Laub-* sowie verschiedene Arten von *Gummibäumen* bilden den dichten Wald, den einige schöne Wanderwege erschließen.

Etwa 1 km vor der Einmündung der Straße nach Watamu in die B 8 befindet sich ein kleines **Camp** beim Arabuko-Sokoke Forest Headquarter. Von hier aus begleiten Ranger gegen ein kleines Trinkgeld Besucher auf zweistündigen Märschen in den Wald, wo schillernde Schmetterlinge ebenso anzutreffen sind wie seltene Vogelarten, etwa der *Clark's Weaver*, ein Webervogel, der nur hier vorkommt. Vielleicht kreuzt auch ein *Zanzibar Duiker*, eine äußerst scheue, nur 35 cm hohe Gazellenart, den Weg …

i Praktische Hinweise

Hotels

******Baobab Lodge**, 2 km östlich von Kilifi am Meer gelegen. Reservierungen über Mada Hotels, Nairobi, Tel. 020/60 53 28, Fax 020/60 35 95, www.madahotels.com. Hübsche Lage auf einem Felsvorsprung über dem Ozean inmitten dicht bewachsener Gärten. Eigener kleiner Strand und schattiger Pool.

******Mnarani Club**, Kilifi Creek, Tel. 041/223 18, Fax 041/222 00. Der Klub liegt auf einem Kliff über der Bucht in tropischen Gärten, Bar und Restaurant stehen allen Besuchern Kilifis zur Verfügung.

5 Gedi

TOP TIPP *Geheimnisvolle Swahili-Kultur, vom Dschungel überwuchert.*

Rund 110 km nördlich von Mombasa biegt von der B 8 nach rechts eine Straße in Richtung Watamu ab. Nur 500 m von dieser Abzweigung entfernt, breitet sich unter prächtigen Baobab-Bäumen Kenias berühmteste Ruinenstätte aus: Gedi (tgl. 7–18 Uhr) – abgeleitet von dem Galla-Wort ›gede‹ (kostbar) – bedeckt eine Fläche von ca. 18 ha und legt eindrucksvoll Zeugnis ab von der mittelalterlichen

Uralte Baobabs erreichen zuweilen einen ›Leibesumfang‹ von 20 m

Baobab – sommerkahler Steppenbaum

Undenkbar: afrikanische Savannenlandschaften ohne die charakteristischen Baobabs oder **Affenbrotbäume**. Ihr wissenschaftlicher Name ›Adansonia digitata‹ geht auf den Naturforscher **Michael Adanson** zurück, dem um 1750 als erstem Europäer ein solches Baumexemplar im westafrikanischen Senegal zu Gesicht gekommen war.

Mit seinem massigen, tonnenartigen Stamm und den meist blattlos in den tiefblauen afrikanischen Himmel gereckten Ästen nährt der Baobab den Verdacht, der liebe Gott habe ihn umgekehrt in den rostroten Erdboden gerammt. Ob aber er oder, wie viele Afrikaner glauben, der **Teufel** oder ein **böser Geist** für sein bizarres Aussehen verantwortlich ist – Baobabs könnten immer viel erzählen vom Leben der Tiere und der Menschen in Afrika, könnten sie nur sprechen, denn einige von ihnen haben an die **2000 Jahre** in den Ästen.

Baobabs sind von großem Nutzen für die Tiere der Savanne, sie bilden oft ein eigenes kleines **Ökosystem**: Elefanten scheuern sich an der Rinde, Affen turnen im Geäst, zahlreiche Vogelarten bauen hier ihre Nester und Myriaden von Insekten summen und brummen zwischen Baum und Borke. Über die Jahrhunderte dienten die Baobabs auch dem Menschen in höchst unterschiedlicher Weise. Seine jungen **Blätter** werden als Gemüse, das gepulverte Fleisch der gurkenförmigen **Früchte** als Medizin verwendet – und ihre monströsen **Stämme** manchmal als kleiner Laden, als Kneipe, als Knast oder schlicht – als Toilette.

Swahili-Stadtkultur an der ostafrikanischen Küste.

Die recht gut erhaltene **Ruinenstadt** ist geheimnisumwoben, spärlich sind ihre Spuren im Geschichtsbuch der Menschheit. Chinesische und persische Porzellanreste, die gefunden wurden, deuten auf vergangenen Wohlstand der Gemeinde. Als wertvoll für die Datierung Gedis sowie weiterer Ruinenreste an der ostafrikanischen Küste erwies sich das Steingrab **Dated tomb** gleich am Eingang der Anlage. Eingraviert ist hier die Jahreszahl 808 islamischer Zeitrechnung, was unserem Jahr 1399 n. Chr. entspricht. Seine Blüte mit einer Einwohnerschaft von etwa 2500 Menschen erlebte Gedi im 15. Jh. Immer wieder wurde die Stadt – aus unbekannten Gründen – kurzzeitig verlassen, bevor sie um 1650 endgültig im Dunkel der Geschichte verschwand.

Weder die Portugiesen, die immerhin zwei Jahrzehnte im nur 20 km entfernten Malindi geherrscht hatten, noch die Araber haben in ihren Schriften jemals den abseits der Küste im Urwald versteckten Ort erwähnt. Erst 1884 durch den Archäologen John Kirkman wieder entdeckt, seit 1948 kenianisches **Nationaldenkmal** und in den 1950er-Jahren fachmännisch ausgegraben, künden die Ruinen Gedis heute vom einstigen Reichtum seiner Bewohner.

600 Jahre Swahili-Geschichte – Gedi ist Kenias eindrucksvollste Ruinenstätte

Gleich am Eingangsbereich fallen aufwendige Säulengräber auf, eines davon – **Tomb of the octogonal pillar** – mit quadratischen und bogenförmigen Nischen im kräftigen Unterbau, die Portalen ähnlich sind.

Zu sehen sind ferner 14 einstöckige Häuser, die sich hauptsächlich um die Große Moschee und einen ehem. Palast gruppieren, alle Bauten bestehen aus Korallenstein. Von insgesamt sieben Moscheen am Ort ist die **Jamia Mosque** die größte, sie stammt aus dem 15. Jh. und wurde im 16. Jh. neu errichtet, nachdem Gedi vorübergehend verlassen worden war. Klar ist noch der gen Mekka ausgerichtete *Mihrab* (Gebetsnische) zu erkennen. Darüber hinaus besaß dieses Gebetshaus eine aus drei steinernen Stufen gearbeitete *Kanzel* – eine Seltenheit unter den Swahili-Moscheen an der ostafrikanischen Küste. Rätsel gibt eine über dem nordöstlichen Eingangstor eingehauene Lanzenspitze auf – ein eindeutiges Symbol ostafrikanischer Hirtenvölker. Haben hier etwa nicht nur Muslime arabischer Herkunft gebetet?

Hinter der Großen Moschee beeindrucken die Überreste des **Palastes** mit mehreren noch deutlich erkennbaren abgesenkten *Innenhöfen*, die über Treppen erreichbar waren und als Empfangs- oder auch Vorratsräume dienten. Vertiefungen in den Böden sammelten das Regenwasser. Den Höfen angeschlossen waren verschiedene Räume, etwa ein *Festsaal* mit Lampennischen, ein *Audienzsaal* mit Warteraum, eine *Schatzkammer* ohne Tür und Fenster, Bäder und ein kleiner Toilettenraum.

Einige der freigelegten Häuser sind nach wichtigen Funden benannt, die in ihren Mauerresten gemacht wurden, so z. B. das ›House of the Venecian Pearl‹, das der ›Iron Lamp‹, der ›Ivory Box‹ odes jenes der ›Cowry‹. Allesamt sind mittels einer Kartenskizze zu identifizieren, die einem kleinen Büchlein (meist am Eingang erhältlich) des Ausgräbers Kirkman beigefügt ist.

Islamische Küstenbewohner – die Swahili

Es ist nicht ganz leicht zu sagen, wer die Swahili sind und woher sie kommen. Das Volk lebt in Kenia überwiegend an der **Küste** und die Hafenstadt Mombasa bildet dort seine Metropole. Auch in Kenias südlichem Nachbarland **Tansania** sowie in weiten Teilen Südostafrikas herrscht starker Swahili-Einfluss. Hier ist die **Sprache** Swahili – oder auch Kisuaheli – oft die Lingua franca – eine Sprache übrigens, die sich recht einfach lernen lässt. Im Wesentlichen ist sie ein **Bantu-Idiom**, das durch indische, englische, persische, portugiesische, vor allem aber durch arabische Brocken stark angereichert worden ist. Wahrscheinlich leitet sich das Wort Swahili vom arabischen ›sahel‹ ab, das etwa ›Küste‹ bedeutet.

Islamische Kaufleute aus Arabien, Persien und Indien suchten die ostafrikanische Küste seit der Wende vom ersten zum zweiten nachchristlichen Jahrtausend auf. Einige von ihnen blieben und heirateten Schwarze. Das war der **Ursprung** der Swahili-Kultur. Angehöriger dieses Volkes ist im Wesentlichen jemand, der Swahili spricht, islamischen Glaubens ist und nach Möglichkeit arabische, persische oder indische Wurzeln nachweisen kann. Jedoch geht dieser Kultur jegliche formale Enge oder gar Orthodoxie ab.

Vor allem in der **Küstenarchitektur** hat sie ihre Spuren hinterlassen. Dazu zählen die im Dschungel versunkenen **Ruinenstädte** etwa von Gedi oder Mnarani mit ihren Resten von Freitagsmoscheen und Palästen sowie den in den Korallenstein gemeißelten Koransuren.

Auch in der **Kochkunst** haben sich über die Jahrhunderte Swahili-Spezialitäten und dazu passende Zutaten durchgesetzt. **Mushkaki** z. B. erinnern an Kebabs, an marinierte und gegrillte Fleischbällchen, während **Mbuzi** Lamm und Ziegenfleisch bezeichnet. **Limau** (Limetten), **Nazi** (Kokosnüsse) und **Ndizi** (Bananen) finden neben anderen Früchten reiche Verwendung in der Swahili-Küche.

Ein Großteil der Funde aus Gedi ist heute im Museum des Forts Jesus in Mombasa zu bewundern – darunter sehenswertes chinesisches Porzellan aus der Zeit der Ming-Dynastie (1368–1644) sowie glasierte persische Tonware. Die Kleinodien deuten an, wie weit gespannt Gedis Handelsbeziehungen im Mittelalter waren, obwohl chinesische Waren wohl nicht direkt, sondern nur über indische und arabische Zwischenstationen nach Ostafrika gelangt sein dürften. Auch Gedis eigenes kleines **Museum** (tgl. 7–18 Uhr) auf dem Ruinengelände zeigt ansehnliche Exponate, verblüffend exotisch wirkt hier eine venezianische Schere.

Überaus romantisch wegen der reizvollen Lichtverhältnisse ist ein Besuch Gedis am späten Nachmittag, wenn allein Affengespräche in den Wipfeln des Dschungels die über den Ruinen liegende Stille unterbrechen.

6 Watamu

Dorado für Schnorchler, Taucher und Hochseefischer.

In Gedis nächster Nähe wartet ein herrliches Stück kenianischer Natur auf den Besucher. Watamu, abseits der Küstenstraße B 8 und nahe dem malerischen Mida Creek gelegen, verfügt mit den Traumstränden von **Turtle Bay**, **Blue Lagoon** und **Watamu Bay** über fantastische Bademöglichkeiten mit hervorragenden Hotels. Der Ort selbst besitzt einige Restaurants, Banken und Souvenirläden, im Übrigen jedoch keine besonderen Sehenswürdigkeiten. Top Tipp Watamus herausragende Attraktion ist der **Watamu Marine National Park**, ein 1968 gegründetes Schutzgebiet für das 1–2 km vor der Küste liegende Korallenriff. Das Reservat umfasst jedoch nicht nur das eigentliche Riff mit seinem bunt

Mit etwas Glück sind in den Big Three Caves Juwelen-Zackenbarsche anzutreffen

schillernden Fischreichtum, sondern auch ein weites Gebiet weißer Sandstrände und blauer Lagunen. Die atemberaubende Unterwasserwelt der ostafrikanischen Küste präsentiert sich in Watamu eindringlicher als in dem weiter nördlich gelegenen *Malindi Marine National Park*, dessen Gewässer zeitweilig durch natürliche Trübungen beeinträchtigt sind. Da es sich um ein Naturschutzgebiet handelt, sind Fischen, Muschel- und Korallensammeln im Watamu Marine National Park untersagt. Es locken jedoch unvergessliche **Tauch-** und **Schnorchelerlebnisse** in der Gesellschaft farbiger Fische aller Formen und Größen. Fahrten mit **Glasbodenbooten** im Bereich des Riffs vermitteln auch jenem Besucher bleibende Eindrücke, der nicht selbst in die Meerestiefen vordringen möchte. Auch ein Bootsausflug zum **Mida Creek**, den die größeren Hotels von Watamu arrangieren, ist überaus lohnend. Die flaschenhalsartig enge Einfahrt zu dieser Meeresbucht öffnet sich südlich von Watamu. Es sind vor allem die **Big Three Caves**, die drei riesigen Unterwasserhöhlen, welche hier Anlass zum Staunen geben. Mächtige *Zackenbarsche* mit einer Länge von bis zu 2 m und einem Gewicht von beinahe 300 kg lassen sich vom Boot aus in ungefähr 3 m Wassertiefe beobachten. Ein persönliches Tête-à-tête ermöglicht das Hinabtauchen – keine Angst, die Tiere sind ganz zahm.

Der Mida Creek ist mit der vorgelagerten **Whale Island** auch ein bevorzugter Rastplatz für zahlreiche Zugvogelarten. Je nach Jahreszeit finden sich Strandläu-

fer, Flamingos, Seeschwalben und Bienenfresser ein.

i Praktische Hinweise

Wassersport

Buchungen für **Glasbodenboot- und Schnorchelfahrten** in den angegebenen Hotels oder im Watamu Marine Park Office, Watamu Road (tgl. 8–17 Uhr)

Hotels

*******Hemingways**, Watamu, Turtle Bay, Tel. 042/326 24, Fax 042/322 56, www.hemingways.co.ke. Zimmer mit eigener Terrasse und Meerblick, für einen Urlaub mit Familie besonders geeignet. Hier ist immer viel los rund ums Angeln, vor allem Hochseeangeln. Hochsaison ist zwischen Oktober und April.

****Ocean Sports Hotel**, Watamu, Turtle Bay, Tel. 042/320 08, Fax 042/322 66. Direkt neben dem ›Hemingways‹, eher kleines Haus am Strand mit persönlicher Atmosphäre. Taucharrangements. Das Restaurant genießt einen guten Ruf, sonntagmittags finden opulente Meeresfrüchte ihren Weg auf den Teller, mittwochabends stehen vor allem chinesische Gerichte auf der Speisekarte.

Malindis Nordstrand gehört zu den besten Surfrevieren entlang der kenianischen Küste

Villas Watamu Resort, Watamu, Tel./Fax 042/324 87. Kleine Anlage mit 17 Bungalows in gepflegter tropischer Parkanlage in Strandnähe, gutes Restaurant.

7 Malindi

Das bedeutende Touristenzentrum der Küste bietet unvergessliche Badefreuden und den Zauber ostafrikanischer Unterwasserwelt.

Stellte einst Ernest Hemingway hier wahlweise dem Whisky, den Frauen oder den Schwertfischen vor der Küste nach, ist Malindi heute fest in der Hand des **Pauschaltourismus**, vorzugsweise des italienischen und des deutschen. Ob die rund 40 000 Einwohner zählende Stadt tatsächlich ein »eher schäbiger Badeort« ist, wie es in einem Reiseführer heißt, muss jeder Besucher selbst herausfinden. Tatsache ist, dass, nicht zuletzt wegen zahlreicher Feuersbrünste, wenig Altes in der Stadt überlebt hat, geschweige ihre Atmosphäre prägen würde.

Hotels am Strand, Eisdielen, Restaurants und Büros der Autovermietungen dominieren neben greller Werbung das Ambiente, nur in den Gassen der Altstadt mit ihrem Markt hält sich afrikanisch-swahilische Lebensart.

◁ *Watamu Bay – malerische Bucht mit exzellenten Wassersportmöglichkeiten*

Geschichte Malindi bestand vermutlich schon im 9. Jh. n. Chr. In jener Zeit wird ein Ort an der ostafrikanischen Küste namens ›**Ma-Lin**‹ erstmals in chinesischen Quellen erwähnt. Im 12. Jh. sind es **arabische Chroniken**, die eindeutig auf die Existenz Malindis hinweisen. Porzellanfunde aus China zeigen, dass, vermittelt durch Stationen in Indien und Arabien, zwischen dem Reich in Ostasien und Malindi ein Handelsaustausch stattgefunden haben muss, obwohl **Chinesen** ihren Fuß an die Küste kaum vor dem 15. Jh. gesetzt haben dürften. Im Jahr 1414 erhielt der chinesische Kaiser Tiere aus Ostafrika geschickt, die bis dahin wohl noch niemand im Fernen Osten gesehen haben dürfte: U. a. zählten eine Giraffe, eine Antilope sowie ein Zebra zu den Schiffspassagieren, die im Reich der Mitte an Land gingen.

1498 erreichte der portugiesische Entdecker Vasco da Gama Malindi und wurde vom dortigen Scheich freundlich empfangen – ganz anders als zuvor in Mombasa, dessen Sultan die Europäer abgewiesen hatte. Zwischen Malindi und Mombasa herrschte traditionell strenge Rivalität, sodass für Malindi der Feind Mombasas notabene zum Freund werden musste, auf Portugiesisch heißt dies: »Damas de Malindi, cavalleiros de Mombasa«.

Rund 6000 Einwohner lebten während des 16. Jh. in Malindi, die von der regen Handelstätigkeit der **Portugiesen** über den Indischen Ozean hinweg zum indischen Goa profitierten. Der Niedergang der Stadt begann Ende des 16. Jh., als die Portugiesen ihre Metropole an der Küste weiter südlich nach Mombasa verlegten. Malindis Bevölkerung schrumpfte, auch wegen der von Norden immer wieder einfallenden **Galla-Stämme**, und die Stadt versank zeitweilig unter dem Buschwerk des Dschungels. Der deutsche Missionar **Johann Ludwig Krapf** berichtete 1845, er habe sich den Zugang zu den Häusern Malindis nur mit dem Buschmesser verschaffen können. Erst 1861, als der Sultan von Sansibar in der Gegend von Malindi massenhaft Sklaven einsetzte, um landwirtschaftliche Güter für die Bevölkerung Sansibars zu produzieren, wuchs die Bedeutung Malindis wieder. Mangos, Orangen, Bananen, Kokosnüsse sowie Hirse zählten damals zu den Haupterzeugnissen. Das Verbot des **Sklavenhandels**, der in Malindi immer freitags vor der Juma Moschee abgehalten worden war, führte jedoch schon bald zu einem neuerlichen Bedeutungsverlust der Stadt.

Zu Beginn des 20. Jh. entdeckten britische Siedler des ostafrikanischen Hochlandes die Vorzüge der Küstenstadt und begründeten Malindis Ruf als **Erholungsort**. Hemingways Visite im Jahr 1934 festigte den Nimbus Malindis als Dorado für **Hochseeangler**. Seit den 1960er- und 1970er-Jahren finden die Bewohner der Stadt ein bescheidenes Auskommen durch den Tourismus aus Europa.

Bunt und lebendig geht es auf dem Markt von Malindi zu

Besichtigung Malindi verfügt über breite Sandstrände mit einem Angebot vielfältiger Sportmöglichkeiten. Der Nordstrand nördlich der Jetty (Pier) ist eines der besten **Surfreviere** entlang der kenianischen Küste – durch eine Lücke im vorgelagerten Riff können hier die Wellen des Indischen Ozeans ungebremst ans Ufer klatschen. Schön ist auch der **Silversands Beach** im Süden der Stadt. Für alle Strände in der Bucht von Malindi gilt jedoch, dass in der Regenzeit mit starken Sedimenteinleitungen des **Sabaki River** gerechnet werden muss, der kaum 10 km nördlich der Stadt ins Meer mündet.

Malindis Ortsbild spiegelt kaum mehr etwas von der langen, zeitweilig bedeutenden Geschichte der Stadt wider, die Sehenswürdigkeiten lassen sich in weniger als einer Stunde kennen lernen. Nimmt man die **Jetty**, welche den Strand in eine Nord- und eine Südhälfte teilt, als Orientierungspunkt, finden sich wichtige touristische Einrichtungen wie Banken, Post, Informationszentrum, Souvenirshops und Boutiquen, ein deutscher Biergarten sowie Restaurants nördlich davon und zwar hauptsächlich entlang der Lamu Road, die in Nord-Süd-Richtung parallel zum Strand im Rücken der großen Hotels verläuft.

Unweit des **Sabaki Shopping Centre** bietet sich die Gelegenheit zum Besuch der **African Snake Farm** (tgl. 9–18 Uhr) – Aug in Aug mit Felsenpythons, grüner und schwarzer Mamba. Wer kein Schlangenfreund ist, kann ganz in der Nähe die **Malindi Falconry** (tgl. 9–17.30 Uhr), Kenias einzige Falknerei, aufsuchen, in der Greifvögel abgerichtet werden. Auf dem Gelände treibt sich außerdem eine stattliche Schildkröte herum.

Südlich der Jetty liegen die historischen Sehenswürdigkeiten der Stadt. Etwas oberhalb der Pier, unweit des **Fish Market**, ragt das von einer Zwiebelhaube gekrönte Minarett der **Juma Mosque** auf. Hier wechselten in alter Zeit Sklaven ihren Besitzer. Neben dem flachen Moscheebau finden sich zwei **Säulengräber**, das größere stammt aus dem 15., das kleine aus dem 19. Jh. Trotz der arabischen Ornamentik ist ihre afrikanische Tradition unverkennbar, denn die Phallussymbolik hat in der islamischen Kultur keine Wurzeln. Wenige Gehminuten weiter südlich trifft man auf die **Portuguese Chapel**, die vermutlich vor 1542 erbaut wurde und im Inneren *Wandmalereien*

Erinnerung an die Landung der Portugiesen 1498 – Vasco-da-Gama-Kreuz in Malindi

enthält. Im zugehörigen Kirchhof standen früher portugiesische Grabsteine. Noch weiter südwärts erhebt sich auf einer felsigen Halbinsel das aus portugiesischem Kalkstein gearbeitete, auf hoher Säule thronende **Vasco-da-Gama-Cross**. Der berühmte Seefahrer schenkte das schlichte weiße Kreuz dem Scheich von Malindi, der es vor seinem Palast aufrichten ließ. Der Unwille der muslimischen Bevölkerung über das christliche Symbol mit dem portugiesischen Wappen führte aber schließlich dazu, dass es außerhalb der Stadt seinen heutigen Platz fand. Von hier eröffnet sich ein prächtiger Blick auf die Malindi Bay.

Schätze des Meeres

Einige Kilometer südlich des Silversands Beach befindet sich Malindis beliebtestes Ausflugsziel: der **Malindi Marine National Park** (tgl. 7–19 Uhr, die Boote fahren jedoch nur bei Ebbe hinaus!). Obwohl die Korallen und Muscheln unter den Auswirkungen des jahrzehntelangen Tourismus gelitten haben, ist eine Exkursion mit dem *Glasbodenboot* über das kristallklare Wasser faszinierend – während der Regenzeit trübt allerdings der Sabaki-River das Wasser. Mithilfe einer geliehenen Tauchausrüstung lässt sich freilich ein noch intensiverer Einblick in die bunte **Unterwasserwelt** vor diesem Abschnitt der Küste Ostafrikas gewinnen. Man ist überrascht, wie zutraulich die Meeresbewohner sind, wenn man sich ihnen inmitten ihrer farbenprächtigen Korallengärten nähert.

Der Eingang zum Nationalpark befindet sich nahe dem Casuarina Point. Nebenan sind im **Crocodile Paradise** (tgl. 9–17.30 Uhr) auch Schildkröten, Schlangen und Krokodile zu bewundern.

Mambrui und die ›Höllenküche‹

Auch außerhalb Malindis gibt es lohnende Ziele. 14 km nördlich der Stadt und jenseits des Sabaki-Flusses liegt rechter Hand der Fernstraße B 8 das Swahili-Fischerdorf **Mambrui**. Abgesehen von der 1962 hier erbauten *Riadha-Moschee*, die von Muslimen aus ganz Kenia besucht wird, lockt hier ein altes *Säulengrab* neben den Resten einer portugiesischen Befestigung des 16. Jh. Das Grab ist vor allem wegen eingelassener chinesischer Porzellanbecken aus der Zeit der Ming-Dynastie (1368–1644) von Interesse. Etwa 18 km landeinwärts gelangt man über eine mäßige Piste zu dem Dörfchen **Marafa**. In Anlehnung an Amerikas Grand Canyon werden die pittoresken Felsformationen und Schluchten in der Nähe Marafas als ›Kleiner Grand Canyon‹ bezeichnet, wiewohl sie den schönen Namen *Hell's Kitchen* (Höllenküche) tragen. Regen, Wind und Dürre haben hier tiefe Rinnen in den Sandstein gegraben, dessen Farbenspiel – besonders imposant bei Sonnenuntergang – von Weiß über die unterschiedlichsten Gelbtöne bis hin zu Karmesinrot reicht.

Hell's Kitchen – wunderliche Sandsteinformationen in der Nähe von Malindi

Praktische Hinweise

Information

Tourist Office, Harambee Road, Malindi, Tel. 042/207 47

Nachtleben

Nachtschwärmer amüsieren sich im bekannten **Stardust Club**, Harambee Road, oder in der **Kakunga Bar** (Livemusik), unweit von Post und Polizei.

Hotels

******Coral Key Beach Resort**, Malindi, Tel. 042/307 17, Fax 042/307 15, www.coralkeymalindi.com. Direkt am Silversands Beach gelegene Bungalowanlage.

*****Eden Roc**, Malindi, Tel. 042/204 80, Fax 042/202 33. Unmittelbar am Strand in herrlichem Garten gelegen, mit Meerwasserpool. Bar, Restaurant, großes Sportangebot. Sehr freundliches Personal.

*****Scorpio Villas**, Malindi, Tel. 042/201 94, Fax 042/212 50. Ruhig gelegenes Hotel mit persönlicher Atmosphäre, teilweise im Cottagestil. Durch den Garten führt ein Weg zum Meer. Pool in bukolischem Ambiente.

Restaurants

Es empfehlen sich die Restaurants der genannten Hotels sowie für kleine Gerichte:

Hermann's Beer Garden, Malindi, Harambee Road gegenüber dem Galana Centre, mit – wie zu erwarten – deutschem Ambiente.

I love Pizza, Malindi, nahe der Pier, Tel. 042/206 72. Hier kann man – wie ebenfalls nicht anders zu erwarten – italienische Küche genießen.

8 Tana River und Witu

Unberührte Flusslandschaften und ein Hauch deutscher Geschichte.

Fast im Herzen Kenias, nahe den Gletschern des Mount Kenya, entspringt der längste Fluss des Landes, der **Tana**. Über eine Entfernung von ca. 650 km – durch Gebiete, die touristisch nur an ganz wenigen Stellen erschlossen sind – winden

Siesta am Tana River – Flusspferde sonnen sich gerne auf Sandbänken

sich in der Regenzeit braune Wassermassen in einem weiten Bogen hinunter Richtung Küste und münden in vielfacher Verzweigung in den Indischen Ozean. Der Tana bildet seit alters in seinem südlichen Abschnitt, der durch trockene Steppen führt, die natürliche Grenze zwischen nomadischen Kuschiten-Stämmen östlich des Stromes und den sesshaften Bantu-Völkern der Pokomo, Kora-Kora und der Malakote im Westen.

Tief im Landesinneren, ca. 240 km nördlich von Malindi, liegt das nur schwer erreichbare Schutzgebiet **Arawale National Reserve**, in dem Kenias einzige *Hirola-Antilopen* leben, eine vom Aussterben bedrohte Art mittlerer Größe. Um einiges näher (180 km von Malindi entfernt) liegt da schon **Tana River Primate National Reserve**, das relativ leicht auf staubiger Piste durch trockene Savanne anzufahren ist. Im Reservat haben u. a. sieben Primatenarten eine Heimat. Zwei davon, die *Roten Stummelaffen* sowie die *Koppenmangaben*, sind endemisch, sie leben sonst nirgendwo in Afrika.

Die eindrucksvolle und weithin unberührte **Flusslandschaft** des Tana mit ihren dichten Mangrovenflächen und Krokodilpopulationen ist nur unter Mühen zu erleben, für Besucher mit einem Schuss Abenteurerblut in den Adern aber umso faszinierender. Höchst beeindruckend ist auch eine Bootsfahrt mit der motorisierten Dhau ›*African Queen*‹ im weit verzweigten **Tana-Delta** am Indischen Ozean (Infos in Malindi unter Tel. 042/208 19). Das Schiff startet vom *Tana Delta Camp* aus in verschiedene Flussarme, die von der Zivilisation noch völlig unberührt sind. Neben einer reichen Mangrovenvielfalt bekommt man zahlreiche Vogelarten zu Gesicht, dazu etliche Flusspferde und Antilopen.

Eine Episode deutscher Kolonialgeschichte

Östlich des Tana-Deltas scheint das Städtchen **Witu** in ewiger Hitze vor sich hin zu dösen. Unweit dichter Wälder sowie kleiner Mango- und Bananenpflanzungen deutet in diesem Ort nichts darauf hin, dass sich hier vor mehr als 100 Jahren die Residenz des kurzlebigen **Swahililand-Sultanats** befunden hat. Der Sultan der Insel Pate – nahe dem Städtchen Lamu – hatte sich 1862 nach einem Streit mit dem Sultan von Sansibar hierher zurückgezogen. Im Jahr 1885 schlossen Sultan Achmed und die deutschen Brüder **Clement** und **Gustav Denhardt** einen Vertrag, der den Deutschen unter dem Schutz Berlins Vorrechte an diesem Küstenstrich einräumte. Die Denhardts, die ›Thurn und Taxis des Witu-Sultanats‹, gaben 1889 die ersten Witu-Briefmarken heraus, Marken mit Swahili- und arabischer Schrift, die heute auf Auktionen Rekordpreise erzielen.

9 Lamu

TOP TIPP

Reise in die lebendige Vergangenheit einer orientalisch anmutenden Welt im äußersten Norden Kenias.

Hier gehen die Uhren anders. Die von Mangrovenwäldern, Sanddünen und weiten Stränden geprägte Inselwelt des **Lamu Archipels** mit ihrer rein islamischen Bevölkerung verharrt auch heute noch ein wenig abgeschieden vom Rest der Welt. Zur wohltuenden Ruhe trägt zweifellos der Umstand bei, dass weder auf der Hauptinsel *Lamu* noch auf den beiden anderen größeren Eilanden – *Manda* und *Pate* – Autos fahren. Einzig der Verwaltungschef von Lamu besitzt ein Fahrzeug, ansonsten bewegt man sich zu Fuß oder auf dem Rücken einer der vielen Esel.

Die meisten Besucher erreichen Lamu mit dem **Propellerflugzeug**: Gestartet wird in Nairobi, Mombasa oder Malindi, gelandet auf der Insel Manda mit ihrem kurzen Flugfeld. Von hier setzt man mit dem Boot hinüber nach Lamu-Stadt. Wer den Flieger scheut, erreicht die Pier von **Mokowe** auf dem Festland nach etwa 340 km von Mombasa bzw. 220 km von Malindi über die jetzt fast durchgängig asphaltierte Straße via Garsen am Tana River. Die Autos werden in Mokowe geparkt, Boote bringen die Reisenden von hier in ca. 20 Min. hinüber nach Lamu.

In den frühen 1970er-Jahren ein **Hippie-Wallfahrtsort** wie Nepal und später zeitweilig dem Besucherandrang von Tagesgästen aus Mombasa und Malindi ausgesetzt, hat sich Lamu, dessen drei Inseln ca. 25 000 Einwohner zählen, bis heute seinen streng islamischen Charakter bewahrt. Nicht nur die örtliche Architektur, die regelmäßigen Rufe des Muezzins zum Gebet oder der restriktive Ausschank von Alkohol zeigen dies – auch die Bewohner legen Zeugnis von der jahrhundertealten Kultur ab, indem die Männer immer noch die ›**Kanzus**‹, die langen hellen Gewänder und die ›**Kofia**‹-Kopfbedeckung tragen, während sich die Frauen häufig in den schwarzen ›**Buibuis**‹ bewegen, die ihre Körper fast vollständig verhüllen.

Der Hauptort Lamu auf der gleichnamigen Insel ist die älteste ständig bewohnte Siedlung Kenias. Seine Geschichte ist reichlich von Höhen und Tiefen gezeichnet, wozu auch die Rivalität mit dem benachbarten Stadtstaat der Insel Pate beigetragen hat.

Geschichte Unter dem Sand der etwa 10 km langen und fast 7 km breiten Insel Lamu werden noch **Ruinen** aus den ersten Jahrhunderten nach Christi Geburt vermutet. Archäologische Funde aus dem 9. Jh. bezeugen, dass der Archipel zu jener Zeit mit Sicherheit besiedelt war. Vom 13. bis 15. Jh. entwickelten sich Lamu und Manda zu Anker- und später auch zu Handelsplätzen, die im Warenaustausch mit dem Persischen Golf und Indien aufblühten. Die Monsunwinde und die mit ihnen verbundene Segelschifffahrt ermöglichten es, dass Lamu, Manda und Pate im 16. Jh. neben Malindi und Mombasa zu den wichtigsten **Swahili-Zentren** aufstiegen und an der Küste Ostafrikas den Handel über den Indischen Ozean hinweg kontrollierten. Mangroven-

Rushhour in Lamu-Stadt – wo Autos verboten sind, geben Esel das Tempo vor

Willkommen in Lamu – Arkaden und Veranden zieren die pittoresken Häuser der Uferpromenade. Von hier starten Boote zur Erkundung des Archipels

holz, Schildpatt und Elfenbein gelangten dabei nach Asien, im Gegenzug kamen Teppiche, Seide und chinesisches Porzellan nach Lamu.

Zu Beginn des 16. Jh. arrangierte sich Lamu mit den **Portugiesen** und entging damit der Zerstörung, unter der etwa Mombasa seit der Ankunft der Europäer zu leiden hatte. Politisch unterstand es dem mächtigen Sultanat der Nachbarinsel Pate, es konnte sich aber geschickt aus den Machtkämpfen zwischen den Sultanaten Pates, Mombasas und Malindis heraushalten, nachdem gegen Ende des 18. Jh. der portugiesische Einfluss schwand. Es folgten Jahre der **Rivalität** zwischen den Stadtstaaten des Archipels, bis im Jahr 1813 Lamu die Streitkräfte Pates in der **Schlacht bei Shela** – einem Ort auf Lamu – bezwang. Nunmehr dem **Sultan von Oman** mit Sitz auf Sansibar unterstellt, folgten die ›goldenen Jahre‹ Lamus, die vor allem auf der **Sklavenarbeit** gründeten. Die billige Arbeitskraft ließ eine reiche Plantagenwirtschaft auch auf dem benachbarten Festland gedeihen: Getreide ging ebenso in den Export wie Elfenbein, Ölsaaten, Schildpatt und Mangrovenholz.

Nach der Machtübernahme der Briten an der Küste und dem von ihnen 1907 verhängten Verbot der Sklaverei erfolgte der rasche **Niedergang** Lamus, den erst in den 1960er-Jahren der **Tourismus** aufgehalten hat. Gegen Ende der 60er-Jahre des 20. Jh. wurde Lamu elektrifiziert und zur Fußball-WM 1986 kamen die ersten Fernsehgeräte.

Besichtigung Das in seiner Gesamtheit zum Nationaldenkmal erklärte **Stadtbild** – seit 2001 auch UNESCO-Weltkulturerbe – bildet die herausragende Sehenswürdigkeit Lamus. Die Atmosphäre wird geprägt durch die engen, verwinkelten Gassen, die Ruhe sowie die Architektur der Swahili-Häuser, die meisten davon stammen aus dem frühen 18., jene an der malerischen **Uferpromenade** aus dem frühen 20. Jh. Vielleicht erstaunt die Beobachtung, dass in einer derart islamisch geprägten Stadt kein Minarett sichtbar ist. Moscheen befinden sich hier in normalen Häusern und nur die Ansammlung von Schuhen vor einem solchen Gebäude lässt darauf schließen, dass es sich hierbei um ein Gebetshaus handelt.

Vermummte Muslime – viele Frauen auf Lamu sind in schwarze Buibuis gehüllt

Der Orient in Afrika – zum Schwatz auf Lamus Marktplatz treffen sich ausschließlich Männer, von denen die meisten die traditionelle Kofia auf dem Kopf tragen

Der Wohlstand einer Lamu-Familie zeigte sich früher im Reichtum des Hausdekors, vor allem im Prunk der **geschnitzten Haustür**. Einige dieser einst rund 250 Kunstwerke sind noch zu entdecken, neue kommen leider kaum mehr hinzu. Entwurf und Durchführung der geschnitzten Tür bestimmen traditionellerweise den gesamten Bau eines **Swahili-Hauses**. So erklärt sich die herausragende Bedeutung sowohl der Tür als auch des mit seiner Anfertigung betrauten Handwerkers in der Swahili-Gemeinde. In Lamu dominiert der Schnitztyp aus dem Raum des Persischen Golfes, während auf Sansibar und in den südlichen Teilen der ostafrikanischen Küste stark indisch beeinflusste Varianten vorherrschen. Türschnitzereien in Lamu bevorzugen demnach eigene Motive: dazu zählen *Kettenmuster* und *Kerbschnitt* sowie die *Lotosblüte* und andere *pflanzliche Dekors*.

TOP TIPP Einen guten Einblick in die Geschichte Lamus vermittelt das **Lamu Museum** (tgl. 8–18 Uhr) an der Uferpromenade, nahe dem berühmten Petley's Inn. Das Museum zählt zu den interessantesten unter den kleineren im ganzen Land. Hier findet sich ein rekonstruiertes *Swahili-Haus*, ferner Modelle verschiedener *Dhau-Typen*, Karten sowie ethnologische Displays. Der ganze Stolz des Museums sind zwei seitlich zu blasende so genannte *Siwa-Hörner*, die einst vor allem bei Hochzeiten zum Einsatz kamen. Die hier ausgestellten Exemplare sind ca. 2 m lang, aus Elfenbein gefertigt der Klangkörper des einen, der des anderen aus Bronze. Ursprünglich waren solche Hörner bei den ägyptischen Mamelucken gebräuchlich. Im Museum befindet sich auch ein kleiner *Buchladen*, der sich auf Literatur über Lamu und die Swahili-Kultur spezialisiert hat. Ein Gang auf die Museums-Veranda lohnt sich des prächtigen *Meerblicks* wegen.

Nahebei liegt das liebenswerte Etablissement **Donkey Sanctuary**, das sich um die Pflege kranker und missbrauchter Esel kümmert. Der in Großbritannien beheimatete Träger dieser tierfreundlichen Stiftung konnte am 4. Juli 1987 das Gelände für die Esel auf Lamu kaufen – ein Tag, den die Stiftung als *Esel-Unabhängigkeitstag* feiert und der rein zufällig mit dem amerikanischen Unabhängigkeitstag zusammenfällt.

Sein einmal im Lamu Museum gewecktes Interesse für die Swahili-Lebensweise kann man ein Stück weiter im Nordwesten mit dem Besuch des **Swahili House Museum** (tgl. 8–18 Uhr) stillen. Dieses auch ›Fazina House‹ genannte Gebäude zeigt das einstmals typische Interieur einer Swahili-Wohnung mit geschnitzten Stühlen, Tischen und Truhen sowie der Ablagenische für den Koran. Die Küche samt Spaghettimaschine befindet sich im Obergeschoss.

Weiter im Norden der Stadt trifft man auf die 1511 errichtete **Juma Mosque**, die unter den 25 Moscheen der gesamten Altstadt wohl die schönste ist.

Im Süden Lamus, neben dem täglich beschickten und dann herrlich bunten Marktplatz der Altstadt, liegt das mächtige, überaus mittelalterlich wirkende **Fort** (tgl. 8–18 Uhr), das jedoch erst 1820 erbaut wurde und der britischen Kolonialregierung als Gefängnis diente. Mithilfe schwedischer Entwicklungshilfe wurde in diesem Nationaldenkmal eine Dauerausstellung eingerichtet, die sich vor allem den biologisch-ökologischen Problemen des Lamu-Archipels widmet. Der zweite Stock beherbergt eine *Bibliothek* und noch weiter oben, auf dem Wehrgang, überrascht ein bezauberndes *Panorama* der Dachlandschaft Lamus.

Exponate zur Swahili-Kultur und Stadtgeschichte präsentiert das Lamu Museum

Die älteste noch im Gebrauch befindliche Moschee der Insel liegt rechts hinter dem Fort. Die **Pwami-Mosque** stammt aus der Zeit um 1370 und zu ihr gehört eine von mehreren Koranschulen Lamus.

Badeenthusiasten kommen in Lamu-Stadt selbst nicht auf ihre Kosten. Ein ¾ Std.-Spaziergang südwärts führt jedoch beim verschlafen wirkenden Dorf Shela zum zauberhaften **Top Tipp** **Shela Beach**, einem Strand, der hinter dem noblen *›Hotel Peponi‹* beginnt und sich mit meterhohen Dünen rund 12 km entlangzieht. *Windsurfer* können die notwendige Ausrüstung im ›Peponi‹ ausleihen und die ruhigen Gewässer des Kanals zwischen Lamu und Manda Island kreuzen. Die offene See mit Wellengang tut sich erst jenseits des Hotels auf. An dessen Rückseite stößt man auf eine interessante Moschee aus dem Jahr 1829, deren weißes Minarett sich nach oben hin wie eine Rakete verjüngt. Übrigens:

Hier wird die Düne zur Bühne – von meterhohen Sandwällen mehrere Kilometer lang gesäumt ist der Strand hinter dem Fischerdorf Shela

Von Lamu kann man auch per motorisierter Dhau nach Shela gelangen. An der Uferpromenade der Stadt hat man Mühe, sich für eines der zahllosen Angebote einer erfrischenden Dhau-Cruise zu entscheiden.

Wer erfahren will, wie die traditionellen Dhaus gebaut werden, sollte an der Nordwestecke von Lamu Island das Dörfchen **Matondoni** aufsuchen. Einst lebten die Menschen hier fast ausschließlich von der Dhau-Baukunst, doch inzwischen hat dieser Erwerbszweig stark an Bedeutung verloren. Interessant ist ein Blick über die Schultern der Bootsbauer allemal.

Ausflüge

Erlebnisreich ist eine Halbtagstour von Lamu-Stadt aus mit einer Dhau hinüber nach **Manda Island**. Je nach Wunsch der Fahrgäste ist mit dem Bootstrip auch ein zünftiges *Fisch-Barbecue* verbunden. Auf Manda bilden dann die ausgedehnten *Takwa Ruins* einen kulturellen Höhepunkt. Von den Resten einer wuchtigen Mauer umgeben und durchsetzt mit imposanten Baobab-Baumriesen, lassen sich in dem Ruinenfeld die Überbleibsel von rund 100 Häusern studieren, die aus Lehm oder Korallenstein erbaut wurden. Ihre Ausrichtung erfolgte durchweg gen Mekka und eine Grabstätte weist das islamische Datum des Jahres 1094 (1683 christlicher Zeitrechnung) auf. Weshalb die Bewohner Takwas einst nach Shela auf Lamu übersiedelten, ist unbekannt, möglicherweise war der Süßwasserspiegel in Takwa zu tief gesunken.

Takwa Beach jenseits der Dünen besitzt einen herrlichen Strand mit einer attraktiven Hotelanlage, mit anrollenden, hohen Brechern und – einer tückischen Meeresströmung. *Manda Toto* im äußersten Nordosten der Insel ist stolz auf die besten *Tauch- und Schnorchelreviere* des gesamten Lamu-Archipels. Hierher gelangt man jedoch nur mit der Dhau und der Törn verschlingt einen ganzen Tag.

Freunde des Abenteuers kommen auf ihre Kosten, wenn sie eine mehrstündige Bootsfahrt von Lamu nach **Pate Island** unternehmen und dabei die gelegentlich auftretenden Moskitoschwärme nicht scheuen. Die Insel mit ihren Orten Pate, Mtangawanda, Siyu und Faza blieb vom Tourismus bislang weithin verschont, die Einheimischen sind entsprechend freundlich und die üblichen Vergnügungsmöglichkeiten begrenzt. Kaum etwas deutet heute darauf hin, dass Pate früher politisch mächtiger war als Lamu, alle genannten Inselorte bildeten stolze *Swahili-Stadtstaaten*. Abgesehen jedoch von Ruinen des arabischen *Nabahani* bei Pate und den Resten des Ortes *Shanya* aus dem 13./14. Jh., finden sich kaum Spuren der großen Vergangenheit.

Im äußersten Nordosten des Lamu-Archipels erstreckt sich unweit der Grenze zu Somalia **Kiwayu Island**. Die Insel bildet einen Teil des **Kiunga Marine National Reserve**. Man erreicht Kiwayu entweder mit dem Sportflugzeug oder, wesentlich eindrucksvoller, mit einer Dhau von Lamu aus in mehrtägiger Fahrt. Kiwayu mit seinem teuren *Kiwayu Safari Village* genoss eine Zeit lang den Ruf eines Hot spot für den internationalen Jetset, einschließlich bekannter Rock-Größen. Unabhängig davon zieht die Insel ihre Besucher wegen der fantastischen *Tauchgründe* in den vorgelagerten Korallenriffen an.

i Praktische Hinweise

Hotels

***__Lamu Palace Hotel__, Lamu, Tel. 042/332 72, Fax 042/331 04. Gediegenes Haus in arabischem Stil, zentral gelegen, eigenes Restaurant, eigene Dhau für Strandtörns.

***__Peponi Hotel__, Lamu, Tel. 042/63 34 22, Fax 042/63 30 29, www.peponi-lamu.com. Traditionsreiches Haus mit Blick über Manda Island. Vom Hotel wird Tiefseefischen organisiert, die Küche ist auf Meeresfrüchte spezialisiert.

***__Petley's Inn__, Lamu, Tel. 042/63 31 64, Fax 042/63 31 04. Eine Institution am Ort, gegründet im späten 19. Jh. von einem Engländer namens Petley. 1993 abgebrannt, geschmackvoll wieder aufgebaut. Pool und gutes Restaurant.

**__Stone House__, Lamu, Tel./Fax (Nairobi) 020/444 63 84. Stilvolle Unterkunft in einem typischen Lamu-Haus des 18. Jh. unweit der Uferpromenade. Das Dachrestaurant serviert Meeresfrüchte und Swahili-Spezialitäten, etwa den Gemüseeintopf *Githeri* oder *Langusten* mit Chili und Limonensaft.

Restaurants

Abgesehen von den hoteleigenen Restaurants gibt es eine Reihe einfacher und preiswerter Möglichkeiten, Fisch und Meeresfrüchte sowie Swahili-Gerichte zu probieren. Beliebt ist das

Schnaubend durch den Tsavo-Park

Uganda-Eisenbahn – Strecke des Wahnsinns

Das moderne Kenia ist kaum vorstellbar ohne den ›**Lunatic Express**‹ (Wahnsinnsexpress), jene Eisenbahnlinie, die **Mombasa** am Indischen Ozean mit **Kisumu** am Lake Victoria verbindet.

Ein geradezu klassisches Produkt der Ideen- und Geschäftswelt des viktorianischen Englands war der Plan für den Bau dieser Bahn: Sie sollte das Innere Afrikas für den Handel Englands und eine britische Besiedlung erschließen, zugleich einen schnellen und zuverlässigen Zugang zu den **Nilquellen** ermöglichen, wodurch indirekt eine Kontrolle Ägyptens, des Suez-Kanals und damit des Seeweges nach Indien gewährleistet gewesen wäre.

Die exorbitanten **Baukosten** in Höhe von mehreren Millionen Pfund, die ungeheuren logistischen Probleme bei der Konstruktion und nicht zuletzt die Menschen fressenden **Löwen** lieferten seit Baubeginn im Jahr 1896 und bis zur Fertigstellung im damaligen Port Florence am Lake Victoria endlosen Stoff für unzählige Storys und **Legenden**. Tausende von Arbeitskräften mussten aus Indien nach Ostafrika gebracht, Schienen durch Savannen, Wüsten und endlich durch den Grabenbruch des Rift Valley verlegt, Trinkwasser musste transportiert und der Widerstand einheimischer Stämme gebrochen werden. Und die Löwen? ›**Maneater's Point**‹ (Ort der Menschenfresser) nennt sich noch heute jene Stelle in der Nähe des Eingangs ›Tsavo Gate‹ zum Tsavo West National Park, wo sich die Fernstraße Mombasa – Nairobi und die parallel verlaufende Trasse der ehem. Uganda-Eisenbahn beinahe berühren. Hier ruhte 1898 der Bau der Bahn für längere Zeit, weil zwei Löwen innerhalb von neun Monaten mehr als 30 Arbeiter angefallen und aufgefressen hatten.

Nichts erinnert den Bahnreisenden auf der Strecke Nairobi – Mombasa im komfortablen Nachtzug heutzutage an die Tage der Menschenfresser.

Hapa Hapa Restaurant wegen seiner Fischspezialitäten und Fruchtsäfte aus Mangos, Papayas, Orangen und – besonders typisch für Lamu – Grapefruits. Das Lokal liegt mitten an der Uferpromenade unweit des Postamtes.

10 Tsavo National Park East and West und Taita Hills

Unermessliche Weiten sind die Heimat der ›roten Tsavo-Elefanten‹.

Mit einer Gesamtfläche von rund 20 000 km^2, was etwa der Ausdehnung von Rheinland-Pfalz entspricht, ist der Tsavo National Park das größte Schutzgebiet Kenias. Eisenbahn und die Fernstraße A 109 Mombasa – Nairobi teilen ihn in den kleineren, landschaftlich abwechslungsreicheren Tsavo West National Park und sein ca. 11 500 km^2 großes östliches Gegenstück mit eintönigerer Vegetation. Beide Gebiete sind recht bequem als Tagesausflug von Mombasa und seinen Strandhotels aus zu erreichen.

In etwa 2 Std. gelangt man auf der geteerten A 109 zum Städtchen **Voi**, das als Ausgangspunkt nach Tsavo East wie auch in die Taita Hills optimal geeignet ist. Voi bietet alle Annehmlichkeiten der Zivilisation, wie Tankstellen, Banken, Post mit Telefon, Geschäfte etc. 4 km östlich vom Ort liegt der Eingang *Voi Gate* zum Tsavo East National Park.

Tsavo East National Park

Den Park prägen unterschiedliche Landschaftstypen wie Dornbusch- und Grassavanne, einzeln aufragende Berge und Galeriewälder entlang des **Galana River**, der das Schutzgebiet in West-Ost-Richtung durchfließt und in seinem weiteren Verlauf bis zur Mündung in den Indischen Ozean *Sabaki River* heißt. Das Ge-

Anlaufstelle zum Volltanken – Elefanten und Zebras laben sich am kühlen Nass einer Wasserstelle im Tsavo East National Park

biet nördlich des Galana war bis vor kurzem für Touristen tabu, denn hier lieferten sich Wildhüter und Wilderer jahrelang Kämpfe um Elfenbein. Mittlerweile scheint die Regierung das Ringen für sich entschieden zu haben, nun wird auch der große, sehr trockene Nordteil des Parks dem Tourismus erschlossen.

Während der Regenzeit ist der Galana ein bevorzugtes Refugium von Flusspferden und mächtigen Nilkrokodilen. Früh morgens kann man diese Tiere bestens vom **Crocodile Point** aus beobachten. Die Riesenechsen tummeln sich auch an den **Lugard's Falls**, den nahen Wasserfällen des Galana.

Im Westen steigt der Felsklotz des **Mudanda Rock** aus der Savanne empor. Auf Pirschfahrt um den Berg herum sind immer wieder Elefantenherden, Büffel, Hyänen und Servale anzutreffen. Ausgezeichnete Tierbeobachtungen in komfortablem Ambiente ermöglicht die auf hohem Hügel thronende **Voi Safari Lodge** (nur wenige Kilometer von Voi entfernt) mit hervorragendem Blick auf die weite Ebene mit stets frequentierter Wasserstelle. Etwa 30 km östlich davon staut der **Aruba Dam** den Voi River zu einem künstlichen See, den Zigtausende von Tieren – Büffel-, Elefanten- und Antilopenherden in der Hauptsache – als Tränke nutzen. Aruba Dam eignet sich zudem exzellent als Picknickplatz.

TOP TIPP

Tsavo West National Park

Rund 50 km nördlich von Voi erreicht die Fernstraße A 109 das *Tsavo Gate* – Eingangstor nach Tsavo West und bequemster Zugang zu den Camps, Lodges und allem Sehenswerten innerhalb dieses Parkteils.

Tsavo Wests Landschaftsbild zeichnet sich durch weite Savannen, Dornbuschebenen, erloschene Vulkankegel und graue Lavafelder aus. Über weite Strecken erscheint hier die Erde leuchtend rot. Dafür verantwortlich und charakteristisch für die Gegend ist der **Lateritstaub**, mit dem sich die Tsavo-Elefanten ›duschen‹, um sich damit gegen Insekten zu schützen. Das Ergebnis dieser Praktik hat die sympathischen Dickhäuter berühmt gemacht. Galeriewälder säumen die Ufer der wenigen Gewässer und eine kleine Sensation bilden die Mzima Springs inmitten der knochentrockenen Savannenlandschaft.

Aufgrund der gewaltigen Ausdehnung des Schutzgebiets ist es mitunter schwierig, abseits der Wasserstellen Elefanten, Büffel oder andere Säuger zu Gesicht zu bekommen. Einfacher hat man es da schon in der **Kilaguni Lodge** – übrigens die erste Lodge ganz Kenias –, die sich mit Recht rühmt, eine der meistfotografierten Wasserstellen in Ostafrika vor der Terrasse zu haben. Ob man nur auf einer eintägigen Safari von Mombasa aus hierher kommt und sich mittags am köstlichen Lunchbuffet delektiert oder ob man gleich ein paar Tage und Nächte in dieser herrlichen Lodge verbringt – immer wird die überdachte Terrasse der Mittelpunkt des Aufenthalts sein. Beim Drink oder während des Essens lassen sich von hier die Tiere draußen am Wasser in aller Ruhe beobachten und fotografieren. Gnus, Zebras, Büffel und Elefanten – sie alle finden irgendwann im Laufe des Tages ihren Weg zum kostbaren Nass und geben dann vor dem Hintergrund der blassblau aufragenden Berge fantastische Motive ab. Spass hat man auch an den Nashornvögeln, die zwischendurch immer wieder auf die Terrasse flattern, um zwischen Tischen und Stühlen die Brosamen der Gäste aufzupicken.

Roter Lateritstaub himmelstrebend aufgetürmt – Termitenhügel im Tsavo West Park

Faszinierend sind die **Mzima Springs** südlich der Lodge. Ganz unvermutet sprudelt hier aus dem vulkanischen Gestein kristallklares Wasser, das sich von den *Chyulu Hills* kommend unterirdisch seinen Weg hierher bahnt. Die Quellen bilden einen frischen kleinen See, der umso prickelnder wirkt, als er ausschließlich von trockener Ödnis umfangen ist. Dazu sprießt üppiges Grün an seinen Ufern: Die wilde Dattel- und die seltene Rafiapalme mit ihren außerordentlich langen Wedeln gedeihen hier ebenso wie Papyrus und ein paar wuchtige Feigenbäume. Kein Wunder, dass diesen kleinen Garten Eden Krokodile, Flusspferde, Löwen, Paviane und verschiedene Antilopenarten aufsuchen, während im Wasser mächtige Barsche leben. Hauptattraktion für Besucher ist ein *Un-*

Garten Eden in staubtrockener Umgebung – ein unterirdischer Fluss speist den von frischem Grün gerahmten See der Mzima Springs im Tsavo West National Park

Taita Hills Lodge – Erholung von Safariabenteuern mit imposantem Bergblick

terwasserstand, der in den Quellsee hinein gebaut wurde und den Blick auf Pflanzen und Tiere freigibt.

Übrigens: Per Pipeline fließt Mzima-Wasser südostwärts in Richtung Küste und trägt wesentlich zur Versorgung Mombasas bei.

Westlich der Quellen erreicht die Staubpiste **Poacher's Lookout** (Ausguck des Wilderers) – der Name ist eine Reminiszenz an jene nicht allzu weit zurückliegenden Zeiten, als Tsavo Schauplatz erbarmungsloser Jagden auf Elefanten und Nashörner zwecks Elfenbeingewinns war. Der Aussichtspunkt nahe Kitani bietet einen eindrucksvollen Rundblick in das trockene Tal von Turesh.

Runde Logenplätze zur Tierbeobachtung – Saltlick Lodge im Taita Hills Sanctuary

Nahe dem *Chyulu Gate*, der Ausfahrt in Richtung Amboseli National Park, kann man über Lavafelder wandeln, die fast noch ›heiß‹ sind. Denn es ist lediglich 200 Jahre her, dass hier flüssiges Magma kroch und dann zu einer düsteren, grauschwarzen Mondlandschaft erstarrte. **Shetani** heißt diese Lavamasse auf Swahili, dies bedeutet: Teufel. Die in der Region lebenden Menschen können sich dank mündlicher Überlieferungstradition noch an den Vulkanausbruch erinnern und sie fürchten den Teufel und die bösen Geister in dieser Gegend bei Nacht. Shetani entstammt derselben arabischen Wortwurzel, aus der sich auch der Begriff Satan herleitet (R. Trillo).

Taita Hills

Westlich der Fernstraße von Mombasa nach Nairobi, ungefähr in Höhe der Kleinstadt Voi, führt die A 23 in die Bergwelt der Taita Hills. Obwohl ›nur‹ knapp über 2200 m hoch, erheben sich die schroffen Felsen doch überaus markant aus den umliegenden Ebenen, die zu Tsavo West gehören. Von Mwatate aus führt ein kurzer Abstecher ins Dorf *Wundanyi* inmitten der Berge. Die hier ansässigen Taita halten in dem Ort dienstags und freitags einen bunten Markt ab, der einen Besuch lohnt. In der Umgebung Wundanyis finden sich zahlreiche *Ahnengräber*.

Obwohl kein offizielles Schutzgebiet, bietet das private **Taita Hills Game Sanctuary** (ca. 50 km von Voi entfernt) ein überschaubares Reservat mit Löwen, Elen-Antilopen und Elefanten. Anlaufstelle ist eine natürliche Salzlecke, um die herum Rundhütten auf Stelzen gruppiert wurden (hier bietet die *Saltlick Lodge* bequeme, wenn auch nicht luxuriöse Unterkunft). So kann man bequem und aus luftiger Höhe das Treiben der ›Big Five‹ – also Löwen, Büffel, Elefanten, Nashörner und Leoparden – betrachten. Ganz nahe kommt man den Tieren, wenn man den unterirdisch angelegten Beobachtungsstand aufsucht und durch eingelassene Sehschlitze die Salzaufnahme verfolgt. Nervenkitzel ist garantiert – schon gar nachts, wenn Besucher in die leuchtenden Augen der Galagos, auch Bushbabys genannt, blicken.

Praktische Hinweise

Information

Kenya Wildlife Service,
Nairobi Headquarters, P.O. Box 40241,
Nairobi, Tel. 020/60 08 00,
Fax 020/60 37 92, www.kws.org
Tsavo East National Park, Tel. 043/300 49
Tsavo West National Park, Tel. 045/224 80

Unterkünfte

******Finch Hattons**, Tsavo West, Tel. (Nairobi) 020/60 43 22, Fax 020/60 43 23. Anfahrt vom Mtito Andei Gate des Parks aus. Üppige Zeltanlage, umgeben von Quellen, an denen sich auch Flusspferde blicken lassen.

*****Taita Hills Lodge**, Tsavo West,Tel. (Nairobi) 020/30 22 35, Fax 020/300 07. Gu-te Möglichkeiten zur Tierbeobachtung, Unterbringung in luxuriösen Zelten oder in der Lodge. Tennis, Pool, Ballonfahrten.

*****Kilaguni Serena Lodge**, Tsavo West, Mtito Andei, Tel. (Nairobi) 020/34 00 00, Fax 020/224 70, www.serenahotels.com. Preiswerte Lodge, vom überdachten Restaurant schöne Aussicht auf die Wasserstelle.

*****Lake Jipe Safari Lodge**, Tsavo West, Tel. 043/302 19. Am Jipe-See nahe der tansanischen Grenze mit Blick auf den Kilimandscharo – bei klarem Wetter. Tierbeobachtung, afrikanisches Ambiente, Swimmingpool.

*****Satao Camp**, Tsavo East, Tel. (Mombasa) 041/47 50 74, Fax 041/47 12 57, www.sataocamp.com. Luxuriös ausgestattetes Zeltlager an einer tierreichen Wasserstelle, mit Restaurant und Bar.

*****Voi Safari Lodge**, Tsavo East, Tel. (Mombasa) 041/47 18 61, Fax 041/47 29 70, www.kenya-safari.co.ke. Nahe von Voi mit grandiosem Blick in die weite Savannenlandschaft. Unterirdischer Beobachtungsstand an einer Wasserstelle, Swimmingpool.

11 Amboseli National Park

TOP TIPP *Der Kilimandscharo hinter mächtigen Schirmakazien – das Afrika der Fotofreunde.*

Rund 130 km nordwestlich des Tsavo West (ab Chyulu Gate) und 240 km südöstlich der Hauptstadt Nairobi dehnt sich der Amboseli National Park an der Grenze zu Tansania aus. Mit seiner Fläche von nur 392 km^2 zählt er zu den kleineren Schutzgebieten des Landes, zugleich aber auch zu den meistbesuchten. Es ist vor allem die atemberaubende Kulisse des 5895 m hohen **Kilimandscharo**, die Touristen magisch anzieht und in ihren Bann schlägt. Bereits auf tansanischem Gebiet liegend und ständig von einer Eiskuppe gekrönt, liefert dieser höchste Berg Afrikas ein traumhaftes Hintergrundmotiv für den Fotoenthusiasten –

Traumkulisse im Amboseli National Park – Schirmakazien und Wolkenband scheinen die schneebedeckte Kuppe des gewaltigen Mount Kilimandscharo zu umarmen

Auf Fotosafari im Amboseli National Park – die hohe Warte garantiert ein perfektes Gruppenbild der Dickhäuter. Elefanten leben hier in großer Zahl

sofern sich der Vulkangipfel nicht wieder einmal in Wolken hüllt. Tipp: Frühmorgens und spätnachmittags sind die besten Fotozeiten!

Amboseli verspricht darüber hinaus erregende Begegnungen mit sehr vielen Tierarten. Die weithin halbwüstenartige Ebene, streckenweise mit Akazienwäldchen und salzhaltigen Sümpfen durchsetzt, bietet den Lebewesen ganzjährig ausreichend Nahrung. So präsentiert sich gleichsam auf engstem Raum die ganze Vielfalt der Vögel und Wildtiere des Kontinents: die ›Big Five‹, Giraffen, Flusspferde, Geparden, Grant-Gazellen, Schakale, Warzenschweine und Zebras, ebenso wie Hyänen, Strauße, Geier, Schreiseeadler, riesige Goliathreiher, Kronenkraniche und Pelikane. Der rigorose Schutz der Elefanten hat hier gar zu einer das ökologische Gleichgewicht bedrohenden Überpopulation geführt, sodass immer wieder einige Dickhäuter eingefangen und in andere Gebiete Kenias gebracht werden müssen.

Ein elegant gefiederter Bewohner des Amboseli Parks – der Kronenkranich

Zumeist ausgetrocknet ist der **Lake Amboseli** im Westteil des Parks, der daher auch ›Dust bowl‹ (Staubschüssel) genannt wird. Das Wort Amboseli leitet sich übrigens ab von dem Massai-Begriff für ›salziger Staub‹ – ein deutlicher Hinweis auf den Boden aus feinem Vulkanstaub vom nahen Kilimandscharo und das salzhaltige Grundwasser der Region.

Im Parkzentrum liegt der Ort **Ol Tukai** mit einer Reihe von Lodges. Vor kurzer Zeit wurde die zuvor einfache und preiswerte *Ol Tukai Lodge* luxuriös ausgestattet wieder eröffnet – nachdem bittere Kontroversen mit den Massai über die zunehmende Belastung der Gegend durch den Tourismus ausgetragen worden waren. Weltberühmt wurde diese Lodge durch die Dreharbeiten für den Film ›Schnee am Kilimandscharo‹ nach dem gleichnamigen Roman von Ernest Hemingway.

Fährt man mit dem eigenen Wagen in den Park, sollte man die Pisten keinesfalls verlassen. Die Zerstörung der empfindlichen Grasnarbe in diesem trockenen Gebiet durch unzählige Safaribusse ist weit fortgeschritten, erst in letzter Zeit scheint die Parkverwaltung dem Umweltschutz größere Bedeutung beizumessen.

Nobel und sehr geeignet zum Ausspannen ist die Amboseli Serena Safari Lodge

Praktische Hinweise

Information

Kenya Wildlife Service, Nairobi Headquarters, P.O. Box 40241, Nairobi, Tel. 020/ 60 08 00, Fax 020/60 37 92, www.kws.org
Amboseli National Park, P.O. Box 18, Namanga, Tel. 045/222 50

Bergsteigen

Den Kibo, den höchsten Krater im **Kilimandscharo**-Vulkanmassiv, besteigt man am besten von tansanischer Seite aus, wo sich fünf Routen anbieten. In Kenia ermöglicht allein das Massai-Städtchen *Oloitokitok* die – illegale – Bezwingung des Kibo. Hier kann man Führer anheuern. Illegal ist die Aktion deswegen, weil dem tansanischen Kilimandscharo National Park die Parkgebühren vorenthalten werden – eine wichtige Einnahmequelle des Nachbarlandes.

Unterkünfte

Top Tipp ***Amboseli Serena Safari Lodge, Amboseli National Park, Tel. 045/62 26 22, Fax 045/62 24 30, www.serenahotels.com. Großzügige, stilvoll in die Landschaft eingepasste Lodge mit einer herrlichen Aussichtsterrasse, von der man beim Sundowner die Tiere an der unmittelbar angrenzenden Wasserstelle beobachten kann.

***Ol Tukai Lodge**, Amboseli National Park, Tel. (Nairobi) 020/444 55 14, Fax 020/444 84 93. Weitläufige Anlage mit geschmackvollen Chalets, alle Zimmer mit Blick auf die Ebenen des Amboseli.

Traumziel für Aufsteiger – das Dach Afrikas im Blick. Lang ist der Weg zum Kibo des Kilimandscharo, man bezwingt ihn am besten von tansanischer Seite aus

Nairobi und Umgebung – Tradition und Moderne in Ostafrikas bedeutendster Metropole

Kaum 100 Jahre alt, von mehr als 2 Mio. Menschen bewohnt und eine eigenartige Mischung aus Afrika und westlicher Welt ausstrahlend – so präsentiert sich **Nairobi** heute als eine der bedeutendsten Hauptstädte auf dem afrikanischen Kontinent zwischen Kairo und Johannesburg. Spiegelverglaste Bürohochhäuser beleben die Silhouette der City, an ihren Eingängen ruhen sich nicht selten erschöpfte Massai oder Samburu in ihrer traditionell roten Kleidung aus. Weit war für sie der Weg hierher auf der Suche nach Arbeit, nach einem Job als **Askari** vielleicht, jenen unzähligen Privatpolizisten, die Hotels, Banken und Geschäfte bewachen. Nur gut 100 km südlich des Äquators gelegen, verfügt die Stadt mit ihrer Lage auf knapp 1700 m Höhe über ein angenehmes *Klima*, das einen gewissen Ausgleich schafft für die Anstrengungen, die der wahrhaft atemberaubende Straßenverkehr beim Besucher hervorruft.

Die Umgebung Nairobis lockt zu attraktiven Ausflugszielen. Noch fast im Schatten der Hochhäuser der Landeshauptstadt bietet der **Nairobi National Park** afrikanische Tierwelt in grandioser Landschaft. Weiter außerhalb der Stadt präsentieren die **Bomas of Kenya** ein eindrucksvolles Freilichtmuseum samt bunten Folkloredarbietungen, während ganz in ihrer Nähe, im **Langata Giraffe Centre**, prächtige Langhälse hautnah zu bewundern sind. Afrika-Nostalgiker kommen im **Karen Blixen Museum** auf ihre Kosten. Die ehem. Kaffeefarm der dänischen Bestsellerautorin gewährt Einblick in die Lebensweise der Baronin während ihrer Jahre in Afrika. Prähistorie lässt sich im **Olorgesailie Prehistoric Site** studieren, wohingegen der **Lake Magadi** – eine der größten Sodaquellen weltweit – mit bizarren, halbwüstenartigen Szenerien aufwartet.

12 Nairobi

Plan Seite 62

Kenias Hauptstadt – vom Eisenbahnstützpunkt zur modernsten Metropole Ostafrikas.

Als kleines Kontrastprogramm zu Faulenzertagen am Indischen Ozean oder als Abwechslung zu Fotosafaris in den Nationalparks eignet sich eine Erkundung Nairobis allemal. Das **Kenya National Museum** bewahrt die umfangreichste Sammlung von Exponaten zur politischen, kulturellen sowie zur Naturgeschichte des Landes. Mit ihren Restaurants und Hotels, ihren Fachgeschäften, Banken, Postämtern und Telekommunikationsmöglichkeiten gibt die Stadt darüber hinaus wie kein anderer Ort in Ostafrika Gelegenheit, sich von Strapazen im Busch zu erholen, Proviant für Abstecher in die Wildnis zu fassen oder dringenden Kontakt mit der Heimat aufzunehmen.

Die Aufrichtigkeit gebietet jedoch eine unmissverständliche **Warnung** in puncto Sicherheit, die eindeutig über übliche Hinweise hinausgehen muss. Selbst tagsüber ist seit einiger Zeit in der City mit Diebstählen und Belästigungen zu rechnen. **Merke:** Selbst geringe Distanzen in der Stadt möglichst mit dem Taxi zurücklegen, grundsätzlich sich nicht in ein Gespräch ziehen lassen (be-

◁ *Wo noch im 19. Jh. nur eine wichtige Wasserstelle lag, prägen heute kühne Wolkenkratzer die Silhouette von Kenias Kapitale*

liebte Eröffnung: »Where are you from?«). Die grassierende Kleinkriminalität ist Ausdruck der anhaltenden Wirtschaftskrise im Lande und trifft die Einheimischen weit mehr als die Touristen.

Geschichte ›Enkare nairobi‹ (Ort des kühlen Wassers), so nannten einst die nomadisierenden Massai die wichtige **Wasserstelle** an der Grenze zwischen dem Hochland und der Trockensavanne. Noch gegen Ende des vorletzten Jahrhunderts wäre niemand auf die Idee gekommen, zukünftig in dieser moskitoverseuchten Gegend eine moderne Großstadt zu vermuten. Doch kurz vor der Jahrhundertwende änderte sich das Bild dramatisch: 1899 erreichten Bautrupps der **Uganda-Eisenbahn**, die Mombasa am Indischen Ozean mit dem Herzen Ostafrikas verbinden sollte, jene Wasserstelle am Aufstieg zum Hochland. Für die weitere Konstruktion der Bahn schien es ratsam, hier ein **Basislager** für Material und Arbeitskräfte einzurichten. Dies war die Urzelle Nairobis. Während damals noch die Löwen um die Zelte strichen, entwickelte sich der Ort bereits um 1900 mit Tausenden von indischen Vertragsarbeitern zum Mittelpunkt **Britisch-Ostafrikas**. Die einstige Siedlung von Abenteurern, Arbeitern, Handwerkern und Bodenspekulanten wurde 1905 auf Kosten Mombasas zur **Hauptstadt** der britischen Kolonie. Noch 1901/02 sowie 1904 führten Pestepidemien beinahe zur Aufgabe des Ortes. Doch dann entwickelte sich aus der einstigen Wild-West-Siedlung das Wirtschafts-, Handels- und Verkehrszentrum Ostafrikas – und viele Jahre lang war Nairobi ein bevorzugter Ausgangs- und Endpunkt für **Großwildsafaris** betuchter Europäer und Amerikaner. Hemingway und der amerikanische Präsident Theodore Roosevelt repräsentierten jene weißen VIP, die bei so manchen Sundownern in der Long Bar oder im Norfolk Hotel gehörige Lektionen von Großwildjäger-Latein von sich gaben.

Den rasanten Aufstieg zur **Metropole** verdankt die heutige Universitätsstadt ihrer zentralen Lage im Land und am Schnittpunkt der Fernstraßen Great North Road und Trans Africa Highway, der boomende Airport ist mittlerweile die wichtigste Drehscheibe für den Flugverkehr in

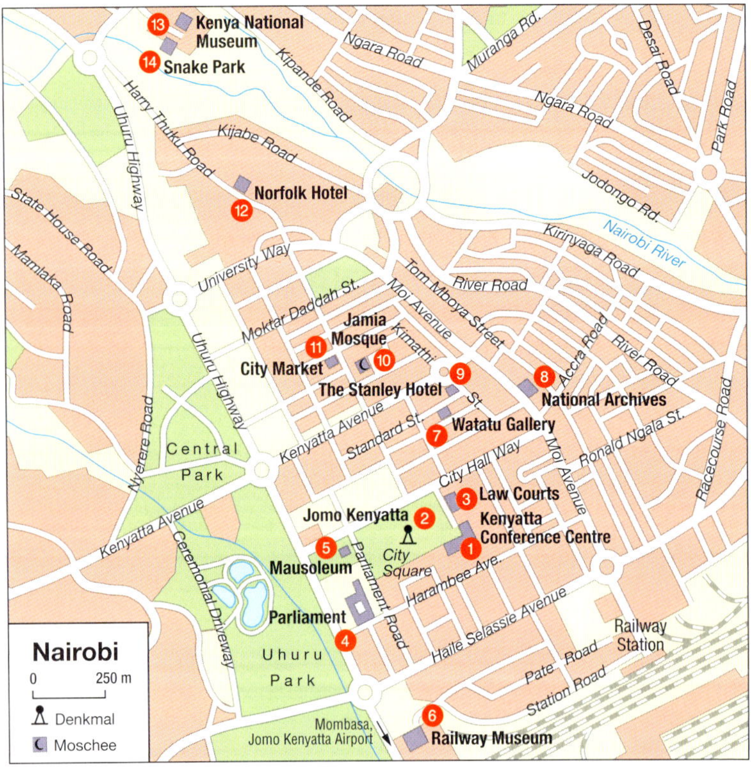

Architektur aus Glas und Stahl – Wahrzeichencharakter in der Skyline Nairobis hat der Rundturm des Kenyatta-Konferenzzentrums, der als Aussichtswarte beliebt ist

ganz Ostafrika. Mit dem **UN-Umweltamt** ist Nairobi zudem die einzige Stadt der Dritten Welt, die eine führende Behörde der Weltorganisation beherbergt. Wohl ist sie das Konferenzzentrum in Schwarzafrika, doch die Skyline kühner **Wolkenkratzer** täuscht über die Massenarmut hinweg, die sich in den umliegenden Slums der Stadt drastisch zeigt. Seriöse Schätzungen prognostizieren eine Einwohnerzahl von 15 Mio. wenige Jahrzehnte nach der Jahrtausendwende, eine Größenordnung, welche die ungeheure Landflucht in Kenia widerspiegelt. Lebten in den 1960er-Jahren noch bedeutende Gruppen europäischer und indischer Bewohner in der Stadt, ist ihr Anteil an der Gesamtbevölkerung inzwischen stark gefallen. Rund 30 % der Einwohner sind heute **Kikuyu**, darüber hinaus bilden die **Luo** mit ca. 18 % eine wichtige Volksgruppe.

Besichtigung Die City ist überschaubar, sie hat ungefähr die Form eines Dreiecks, dessen Ecken durch den *Nairobi River* im Nordosten, durch das weiträumige *Eisenbahnareal* im Süden sowie durch *Uhuru* und *Central Park* im Westen markiert werden. Touristisch von Bedeutung ist jenes Gebiet, das durch die Straßen *Uhuru Highway*, *Haile Selassie Avenue*, *Tom Mboya Street* und *University Way* gebildet wird. Aus Sicherheitsgründen sollte man auf einen Stadtbummel zu Fuss verzichten und auch für kurze Distanzen ein Taxi nehmen.

Im Regierungsviertel

Einen imposanten Überblick über die Hauptstadt gewährt die Aussichtsplattform des modernen, anfangs der 1970er-Jahre errichteten **Kenyatta Conference Centre** 1 (City Square, tgl. 8–18.30 Uhr)

Im Schatten der Türme des Nation Centre – Tradition und Moderne, Reichtum und Armut treffen in der City aufeinander

Kenyatta-Denkmal auf dem City Square

Brennender Speer – Jomo Kenyatta

»Mzee« – »Großen Alten Mann« – nannten die meisten Kenianer in einer Mischung aus Verehrung und Ehrfurcht seit den späten 1960er-Jahren Jomo Kenyatta, den **ersten Präsidenten** der Republik.

Wahrscheinlich – genau weiß man es nicht – wurde er als Kamau und Sohn des Ngengi in den **Highlands** südlich des Mount Kenya geboren. Der Kikuyu-Tradition gemäß hütete der Junge die Ziegen des Vaters und gewann durch Erziehung Einblick in spirituelles Wissen und magische Bräuche. Missionare der Church of Scotland waren die ersten Europäer, denen der kleine Kamau begegnete. Er ging in die **Missionsschule** und verdiente sich selbst das Geld für die Schulgebühren als Küchenhilfe bei einem britischen Siedler – von Zuhause konnte er nichts erwarten, denn von dort war er durchgebrannt. Im Jahr 1914 erhielt er seine **christliche Taufe** und damit den Namen **Johnstone Kamau**. Zwecks Arbeitssuche ging er nach Nairobi, wo in den folgenden Jahren auch seine Politisierung stattfand. Hier trat er der **Kikuyu Central Association** bei, als deren Generalsekretär er 1928 gewählt wurde. Das folgende Jahr sah ihn als Mitglied einer Delegation, die in London eine Bittschrift vorzulegen beabsichtigte. Rückgabe von Kikuyu-Land durch die weißen Siedler, eine Vertretung der Afrikaner in der Legislative sowie Schutz der traditionellen afrikanischen Kultur – das waren die Hauptanliegen der Petition. Nichts Greifbares erbrachte diese Reise, dagegen hatte ein weiterer Besuch Johnstone Kamaus in **England** im Jahr 1931 bedeutendere Folgen: Nicht nur, dass sich der Aufenthalt 15 Jahre hinzog, Reisen nach Osteuropa

im Süden der City. Wahrzeichencharakter hat der markante *Rundturm* mit Schirmdach, der sich 105 m hoch erhebt. Eine Fahrt mit dem Lift hinauf in den 28. Stock lohnt auf jeden Fall, auch wenn das Drehrestaurant dort oben seit langem geschlossen ist. Im Stil einer überdimensionierten afrikanischen Hütte ist das da-

Neoklassizismus in Nairobis Regierungsviertel – die Giebelfront der City Hall

und in die Sowjetunion erweiterten den Gesichtskreis des Kenianers. Schließlich legte er, der sich inzwischen **Jomo** (Brennender Speer) **Kenyatta** nannte, in London seine Doktorprüfung in **Sozialanthropologie** ab und veröffentlichte seine Dissertation über Gesellschaft und Kultur der Kikuyu unter dem Titel ›Facing Mount Kenya‹. Der Name Kenyatta rührte übrigens von dem gleichnamigen Wort für einen Perlengürtel, den Kenyatta stets trug und nach welchem er bereits ein von ihm geführtes Geschäft in Nairobi benannt hatte (R. Trillo).

Ausgestattet mit einer starken Persönlichkeit und beachtlichen rhetorischen Fähigkeiten, kehrte Kenyatta nach dem Ende des Zweiten Weltkriegs nach Kenia zurück. Hier übernahm er die Führung der 1946 gegründeten ›**Kenya African Union**‹, die für mehr Rechte der Afrikaner eintrat.

Die Briten reagierten auf das Aufbegehren der Kenianer mit dem Ausnahmezustand, der 1952 den Ausbruch der gewalttätigen **Mau-Mau-Aufstände** nach sich zog. Vorsorglich internierten die Briten den charismatischen Kenyatta, obwohl er nicht direkt mit den Aufständen in Verbindung stand. Im Jahr 1956 gelang es London zwar, die Unruhen niederzukämpfen, doch der Weg Kenias in die Unabhängigkeit war unumkehrbar. Erste Wahlen fanden 1961 statt, bei denen die im Jahr zuvor gegründete **Kenya African National Union** (**KANU**) gewann. Die KANU hatte in Abwesenheit den immer noch gefangen gehaltenen Jomo Kenyatta zu ihrem Präsidenten gewählt und sie weigerte sich nun nach ihrem Wahlsieg eine Regierung zu bilden, da ihr Vorsitzender nicht in Freiheit war. Schließlich entließen die Briten Kenyatta aus der Internierung und mit ihm an der Spitze errang die KANU 1963 einen noch größeren Wahlsieg. Am 1. Juni desselben Jahres wurde er zu Kenias erstem **Premierminister** gewählt und ab 1964 bekleidete er das Amt des Präsidenten der Republik. Ohne Unterbrechung regierte der ›Mzee‹ bis zu seinem **Tod** am 28. August 1978: formal im Rahmen einer präsidialen Demokratie, ohne Hass gegenüber der alten Kolonialmacht England, westlich orientiert und autoritär nach innen. Eisern war er darauf bedacht, die Einheit des Vielvölkerstaates Kenia zu wahren. Unermüdlich propagierte der Große Alte die berühmte Losung ›**Harambee**‹ – ›alle ziehen an einem Strang‹.

neben liegende *Auditorium* gebaut. Mit einem Fassungsvermögen von 4000 Gästen ist dieses Konferenzzentrum das größte seiner Art in Ostafrika.

Vor dem modernen Gebäudekomplex steht auf dem City Square das steinerne Denkmal für **Jomo Kenyatta** 2. Der erste Präsident Kenias sitzt, mit einer Kofia auf dem Kopf und in einen schweren Mantel gehüllt, in wahrlich herrscherlicher Pose auf einem wuchtigen Sockel.

Den Square umstehen Ministerien und Verwaltungsgebäude. Klassizistisch geben sich die **Law Courts** 3 (Oberstes Gericht) schräg vis-à-vis mit ihrem strengen übergiebelten Säulenportikus vor der Fassade.

Unübersehbar ist der recht klobig wirkende Uhrturm vom **Parliament** 4 an der Parliament Road. Zu bestimmten Zeiten, je nach Sitzungsablauf, ist es möglich, hier die Rededuelle der Abgeordneten von der Besuchergalerie aus zu verfolgen. Das eher nichtssagende Äußere des Gebäudes wird durch das Innere wettgemacht: An der Treppe fällt eine *Tafel* auf, die aus 32 einheimischen Hölzern gefertigt ist, und in der Long Gallery beeindrucken *49 Wandteppiche*. Diese Kunstwerke aus dem Jahr 1968 illustrieren die koloniale Vergangenheit Kenias. Im Garten des Parlaments wurde Kenias Staatsgründer, Jomo Kenyatta, in einem **Mausoleum** 5 bestattet.

Ein Fahnenwald für Kenias Staatsgründer – Kenyatta-Mausoleum im Parlamentsgarten

Der Dampf ist raus – über die Pionierzeit der kenianischen Eisenbahn informiert das Railway Museum auch mit imponierenden stählernen Veteranen

Dampf- und Kunstobjekte

Südlich vom City Square, jenseits der Haile Selassie Avenue und nahe dem Kreisverkehr am Uhuru Highway, kann man sich auf eine Zeitreise zu den Anfängen Nairobis begeben. Hier informiert TOP TIPP das **Railway Museum** 6 (Tel. 020/22 12 11, tgl. 8.15–16.45 Uhr) über die enge Verzahnung der historischen Entwicklung Kenias und vor allem Nairobis mit dem Eisenbahnbau. Einmalige Fotodokumente über den Bau der Uganda-Bahn, Eisenbahnmodelle und stattliche Dampflokomotiven können indes nicht darüber hinwegtäuschen, dass dem innen und außen sehr interessanten Museum etwas mehr Pflege gut täte. Der alte Bahnhof ist immer noch an das Schienennetz angeschlossen und manchmal fährt eine Museumsbahn von Nairobi nach Naivasha.

Vom Bahnhofsbereich wieder zurück in der Innenstadt, etwas nördlich des City Square, hat man in der Standard Street Gelegenheit, die einzig nennenswerte Kunstgalerie der Stadt kennen zu lernen. Die **Watatu Gallery** 7 (Mo–Sa 9–18, So 10–17 Uhr) zeigt Malerei und Plastik zeitgenössischer afrikanischer Künstler und veranstaltet regelmäßig Sonderausstellungen.

Nahebei, direkt gegenüber dem *Hilton Hotel* an der Moi Avenue gelegen, erwarten den Besucher in dem neoklassizistischen Bauwerk der ehem. Bank of India die **National Archives** 8 (Mo–Fr 8.30–16.30, Sa bis 13 Uhr). Manche Besucher empfinden einen Aufenthalt in diesem Archiv lohnender als einen im Nationalmuseum der Stadt. Wie dem auch sei: Hier gibt es im Eingangsbereich eine erstaunliche Fülle von kostbaren *Perserteppichen* und indischen *Holzschnitzereien* zu bestaunen, die zusammen mit anderen Kunstobjekten der Privatsammlung des früheren Vizepräsidenten Kenias, Joseph Murumbi, entstammen. Im ersten Stock informieren Fotos und Dokumente aus den Archivbeständen über die Geschichte Kenias, vor allem über die Zeit des Unabhängigkeitskampfes.

Pinnwand, Einkauf und Moschee

Ein absolutes Muss bei jedem Gang TOP TIPP durch die Innenstadt Nairobis ist die Einkehr in das berühmte **Thorn Tree Café**, das zum altehrwürdigen **The Stanley Hotel** 9 gehört. Dieser beliebte Treffpunkt für Afrikadurchquerer liegt nicht weit von den National Archives an der Ecke Kenyatta Avenue/Kimathi Street. Die viel zitierte *Fieberakazie* inmitten des Café-Gartens, die jahrzehntelang Globetrottern als ›Pinnwand‹ diente, gibt es leider nicht mehr: Weil sie mit ihrem Wurzelwerk den Boden des Cafés aufbrach, fiel sie der Kettensäge zum Opfer. Kleiner Trost: Der berühmte Paläoanthropologe Richard Leakey pflanzte an gleicher Stelle 1998 einen neuen Akazienbaum. Als Nachrichtenbörse dient einstweilen ein profanes Brett am Schutzgitter des noch sehr zarten Bäumchens.

In den Geschäften der **Kimathi Street** lassen sich übrigens hübsche Souvenirs, Schnitzereien und Edelsteine erwerben. Eine außerordentlich große Auswahl von Mitbringseln zu günstigen Preisen präsentiert zudem der nahe *Zanzibar Curio Shop* in der **Moi Avenue**. In diesem Abschnitt der Moi Avenue und in der Kimathi Street bieten auch ein paar ganz normale Supermärkte ihre Waren feil, ihr Besuch lohnt, um einen kleinen Einblick in das Alltagsleben der Bewohner Nairobis zu gewinnen. Das Angebot ist ebenso interessant wie ein Preisvergleich, der Staunen macht, wie die Menschen hier täglich mit ihrem knappen Geld ums Überleben kämpfen müssen.

Hat man sich im Thorn Tree Café ein wenig gestärkt, kann die Stadtbesichtigung mit einem Besuch der prunkvollen **Jamia Mosque** ⑩ gegenüber dem City Market fortgesetzt werden. Silberglänzende Kuppeln, schlanke Minarette, weißgetünchte Säulen und aufwendige Portale mit ›Schlüsselloch‹-Arkaden verleihen dem Gebetshaus eine imposante äußere Wirkung, die in reizvollem Kontrast zu dem kühlen und schlichten Inneren steht. Vielleicht wartet wieder der junge Somali mit der Peitsche in der Hand am Eingang und bietet gegen »small money« eine Führung durch die Moschee, die mit finanzieller Hilfe aus den Vereinigten Arabischen Emiraten beträchtlich erweitert worden ist. Wozu die Peitsche? Mit ihr vertreibt der Somali die Diebe, die die ausgezogenen Schuhe der Gläubigen am Eingang stehlen wollen.

Schuhe aus zum Gebet! – die Jamia Mosque ist Nairobis attraktivste Moschee

Der in den Hallen eines ehem. Flugzeughangars abgehaltene **City Market** ⑪ versammelt das typische, quirlige Le-

Buntes afrikanisches Allerlei herrscht im City Market von Nairobi

Reich bestückt – Nairobis Kenya National Museum beherbergt Sammlungen prähistorischer, ethnologischer und naturkundlicher Objekte, die in Ostafrika ihresgleichen suchen

ben eines afrikanischen Handelsplatzes. Inmitten strenger Düfte wechseln hier vor allem Obst, Gemüse und ein wenig Kunsthandwerk ihren Besitzer.

Kolonialer Charme

Auf dem Weg zu dem nördlich der Innenstadt am Museum Hill gelegenen Kenya National Museum lockt das aus kolonialen Zeiten stammende **Norfolk Hotel** 12 an der Harry Thuku Road mit seinen Drinks auf der berühmten *Lord-Delamere-Terrasse*. Diese ist nach dem wohl bekanntesten britischen Siedler Kenias benannt [s. S. 96]. Das 1904 im englischen New-Tudor-Stil erbaute ›Norfolk‹ ist das älteste Hotel am Platz und verströmt trotz der Schäden infolge eines Bombenanschlags Anfang der 1980er-Jahre und notwendiger Renovierungen noch immer viel Flair aus Kenias Kolonialzeit. Der amerikanische Präsident und leidenschaftliche Großwildjäger Theodore Roosevelt brach von hier aus zu seinen Feldzügen gegen Kenias Tierwelt auf. Eine Nacht im ›Norfolk‹ ist für 250 US-Dollar zu haben, ein Preis, der seinen besonderen Charme dadurch erhält, dass das Frühstück noch einmal 15 Dollar extra kostet.

Landesgeschichte neben Reptilien

Nairobis bedeutendste Attraktion, das **Kenya National Museum** 13 (Tel. 020/74 28 78, www.museums.or.ke), ist wegen umfassender Renovierungsarbeiten bis Herbst 2007 geschlossen. Ansonsten sollte sein Besuch am Beginn eines Kenia-Aufenthaltes stehen. In aller Ruhe kann man sich hier mit der vielfältigen Fauna und Flora des Landes vertraut machen. Das Museum beherbergt eindrucksvolle Sammlungen prähistorischer, ethnologischer und naturkundlicher Objekte, die in Ostafrika ihresgleichen suchen, sowie seltene und wertvolle Fotodokumente zur jüngeren Geschichte des Landes. Bisher fristet im Hof des Museums **Ahmed** (eine Fiberglasreproduktion) sein Dasein. Kenias prominentester Elefantenbulle, seine Stoßzähne maßen 3 m, als er 1974 rund 60-jährig starb, genoss seit 1970 den persönlichen Schutz Präsident Kenyattas.

Unmittelbar gegenüber dem Museum liegt der **Snake Park** 14 (tgl. 9.30–18.30 Uhr) mit seiner Kollektion afrikanischer und amerikanischer Reptilien. Die kaltblütigen Tierchen schlängeln sich in eher tristen Betonbehausungen.

Tierreiche Wildnis vor der Haustüre

Es ist die außergewöhnliche Lage, welche den **Nairobi National Park** (tgl. 8–17 Uhr), den ältesten Nationalpark des Landes (1946 eröffnet), von anderen in Kenia unterscheidet: Vor der Skyline der Hochhäuser Nairobis und in unmittelbarer Nähe des Jomo Kenyatta Flughafens, erstreckt sich die Parkfläche von 114 km^2 mit ihrer erstaunlichen *Tiervielfalt*. Nur 12 km von der City entfernt, kann man hier fast dem gesamten Spektrum des afrikanischen Wildlebens begegnen – Löwen, Leoparden, Giraffen, Antilopen, Gazellen, Büffel, Krokodile, Flusspferde und 500 Vogelarten. Die einzige Ausnahme bilden Elefanten, für die das Terrain ungeeignet ist. Dafür hat man bei einem Halbtagsausflug auf gut präpariertem Wegenetz aussichtsreiche Chancen, das sonst seltene *Spitzmaulnashorn* zu Gesicht zu bekommen. Am ehesten lassen sich die Tiere am frühen Morgen oder am Nachmittag erspähen, und am Wochenende sollte man sich vielleicht nicht gerade in die reizvolle Landschaft aus Dornbuschsavanne, kleinen Flüssen und Galeriewäldern begeben, da dann unter Umständen Besucherscharen die Sicht auf Löwen verstellen.

Seit 1963 durch Spenden niederländischer Kinder in Betrieb, lädt am Haupteingang an der Langata Road das **Animal Orphanage** (tgl. 16–18 Uhr), ein Waisenhaus für Tiere, zu einem Besuch ein. Ihre ursprüngliche Bedeutung als Aufzuchtstätte für elternlose oder kranke Tiere hat die Einrichtung jedoch weitgehend verloren, stattdessen besitzt sie heute eher Zoocharakter.

In der Nähe des Haupteingangs mahnt ein *Denkmal* an den Fluch der Wilderei.

»Bitte küss mich!« – vorwitziges Spitzmaulnashorn im Nairobi National Park

1989 ließ Kenias Präsident arap Moi an dieser Stelle 12 t Elfenbein – Millionenwerte !!! – aus Protest gegen die Wilderei verbrennen.

Hütten und Tanzkultur

Knapp 2 km vom Haupteingang des Nairobi National Park in Richtung Langa-

Auftritt der Luo – in den Bomas of Kenya werden nachmittags immer farbenprächtige Tänze der Hauptstämme des Landes aufgeführt, die Musiker begleiten

ta liegt rechter Hand das Freilichtmuseum **Bomas of Kenya** (Kreuzung Langata/Forest Edge Roads, Tel. 020/891 80 12, Mo–Fr 9–17, Sa/So 13–18 Uhr,). Mehr als ein Dutzend traditioneller Gehöfte (Bomas) demonstrieren dem Besucher *kenianische Wohnkultur* aus den verschiedensten Landesteilen. Nachmittags ist ein Abstecher hierher besonders lohnend, da dann *Tänze* der Hauptstämme Kenias vorgeführt werden. Über die Echtheit dieser Darbietungen lässt sich trefflich streiten, sind es doch immer dieselben Tänzer, die in Aktion treten. Immerhin erhält man einen lebendigen Eindruck von der vielfältigen Tanzkultur des Landes (Tänze: Mo–Fr 14.30–16, Sa/So 15.30–17.30 Uhr; besonders schön sind die nächtlichen Darbietungen: Do–Sa 20–21 Uhr).

Etwa 1 km entlang der Langata Road befindet sich rechts der Straße das Gelände des **Ostrich Park** (tgl. 9–18 Uhr), einer Straußenfarm. Vor allem mit Kindern lassen sich hier im Anschluss an die Bomas ein paar schöne Stunden verbringen, während derer man die Riesenvögel füttern und Kunsthandwerk aus Straußenleder bewundern und erstehen kann.

Auf Du und Du mit langen Hälsen

Ursprünglich als Attraktion für die örtlichen Schulkinder gedacht, hat sich das **Langata Giraffe Centre** (tgl. 9.30–17.30 Uhr) zu einem beliebten Ausflugsziel außerhalb der Hauptstadt entwickelt. Rund 18 km von Nairobi entfernt, bietet das Zentrum u. a. die seltene Möglichkeit, von einer Holzkonstruktion aus den langhalsigen Tieren in Augenhöhe gegenüberzustehen und sie zu füttern. Die hier gehaltenen *Rothschild-Giraffen* unterstehen dem besonderen Schutz des African Fund for Endangered Wildlife (AFEW). Jenseits der Straße verläuft ein hübscher Waldspazierweg (1 km) durch unberührten Forst. Eine Broschüre informiert über die vorkommenden Tiere und Pflanzen, das *Macushla House* (Langata, Tel. 020/89 19 87) bietet nahe dem Giraffenzentrum eine ruhige Unterkunft in familiärer Atmosphäre.

Praktische Hinweise

Information

Die Hauptstadt Kenias besitzt kein Informationsamt mit Publikumsverkehr. Mit Rat und Tat stehen aber die freundlichen Mitarbeiter zahlreicher privater Reisebüros sowie der großen Hotels dem Hilfesuchenden zur Seite. Empfehlenswert in der City:

Star House Travel and Tours Ltd., nahe dem The Stanley Hotel, Standard Street, Tel. 020/80 35 49

Nairobi National Park, P. O. Box 40241, Nairobi, Tel. 020/50 06 22, Fax 020/50 58 66

Endlich auf gleicher Höhe – im Langata Giraffe Centre kann man Langhälsen in die Augen schauen, obendrein handelt es sich dabei um die besonderen Rothschild-Giraffen

Askari in Nairobi – viele Zuzügler in Kenias Metropole drängen in Jobs der privaten Sicherheitsdienste, die Banken Geschäfte und Hotels bewachen

Flughafen

Jomo Kenyatta International Airport, 15 km östlich der Stadt nahe der Fernstraße Nairobi–Mombasa gelegen. Flugreisende, die bis 18 Uhr landen, kommen mit dem Bus Nr. 34 der KBS (Kenya Bus Services) ins Zentrum zum Hotel Ambassadeur (Ecke Moi/ Luthuli Avenue). Nach 18 Uhr verkehren Taxis.

Kenya Airways fliegt von hier aus mehrmals tgl. nach Malindi, Kisumu, Mombasa und Lamu.

Einkaufen

African Heritage, im Libra House in der Mombasa Road, Nairobi, Tel. 020/55 45 47, tgl. 8–16 Uhr. Das Geschäft bietet Reiseandenken, Kunsthandwerk, Schmuck, afrikanische Masken, Schnitzereien, Kunstobjekte in riesiger Auswahl.

Hotels

********Hilton Nairobi**, in der City, Mama Ngina Street, Nairobi, Tel. 020/25 00 00, Fax 020/25 00 99, www.nairobi.hilton.com. Internationale Atmosphäre und großzügiger Komfort. Tipp: Im Business Centre werden Übersee-Telefonate sekundengenau – nicht pauschal, wie sonst meist üblich – abgerechnet.

********Nairobi Serena Hotel**, Kenyatta Avenue, am Rande des Zentrums gelegen, Nairobi, Tel. 020/282 20 00, Fax 020/272 51 84, www.serenahotels.com. Ebenfalls Mitglied von ›The Leading Hotels of the World‹. Hier steigen vor allem Geschäftsleute und Diplomaten ab, freundliche und gelassene Atmosphäre, üppiges Frühstücksbuffet auch für Nicht-Hotelgäste zu einem vernünftigen Preis.

Weiße Mauern, schwarzes Fachwerk – ›The Norfolk‹ wurde im New-Tudor-Stil erbaut

Ein Paradies für Fleischliebhaber außerhalb Nairobis – von Rind bis Krokodil und Zebra wird im Restaurant The Carnivore alles frisch vom Grill serviert

TOP TIPP *****The Norfolk, Harry Thuku Road, Nairobi, Tel. 020/21 69 40, Fax 020/21 67 96, www.lonrhohotels.com. Kolonialer Charme in einem der schönsten Häuser Nairobis. Mitglied von ›The Leading Hotels of the World‹ – das spricht für sich und hat seinen Preis.

TOP TIPP *****The Stanley, Kimathi Street, Nairobi, Tel. 020/22 88 30, Fax 020/22 93 88, www.sarovahotels.com. Traditionsreiches Hotel der ersten Kategorie mitten im Herzen der Stadt. Zu den illustren Gästen zählten Hemingway, Denys Finch-Hatton, Stewart Granger, Ava Gardner und Clark Gable.

****Jacaranda Hotel, im Stadtteil Westlands mit dem Taxi 5 Min. von der City gelegen, Nairobi, Tel. 020/444 87 13, Fax 020/444 61 59. Ruhiges Haus in schönen Gärten.

****Panafric Hotel, Valley Road, ½ km außerhalb der City jenseits des Uhuru Parks gelegen, Nairobi, Tel. 020/72 08 23, Fax 020/72 63 56, www.sarovahotels.com. Modernes, mehrstöckiges Haus mit Panoramablick über die Stadt, inmitten herrlicher Gärten.

Fairview Hotel, Bishop Road, Nairobi, Tel. 020/271 13 21, Fax 020/272 13 20, www.fairviewkenya.com. 5 Min. vom Zentrum inmitten großer Landschaftsgärten gelegen, mit persönlicher Atmosphäre.

Heron Hotel, Milimani Road, etwas außerhalb der City, Nairobi, Tel. 020/272 07 40, Fax 020/272 16 98, www.heronhotel.com Sauber, eher schlicht, freundliches Personal. Direkt anschließend liegt die legendäre **Buffalo Bill's Bar and Restaurant** mit ihrem Publikum aus Entwicklungshelfern, verkrachten Großwildjägern und Damen vom ›Gewerbe‹. In nächster Nähe beim Sagret Hotel gibt es auch Gelegenheit, ein echtes Nyama choma-Restaurant der Einheimischen kennen zu lernen, also: Gegrilltes satt in zünftiger Umgebung.

Oakwood Hotel, Kimathi Street, Nairobi, Tel. 020/22 05 92, Fax 020/33 21 70. Einfaches, aber sauberes Haus mit gutem Preis-Leistungsverhältnis mitten in der Stadt.

Restaurants

Hard Rock Cafe, Barclay's Plaza, Loita Street/Market Street, Nairobi, Tel. 020/22 08 02. Für Freunde dieser weltumspannenden Musikkneipenkette ein lohnendes Ziel, laute Musik zu Meeresfrüchten, Fleischgerichten, Pizza und Pasta.

Nyama choma Terrace and Bar, am oberen Ende der Tom Mboya Street, Nairobi. Kenianische Spezialitäten kommen hier auf den Tisch, insbesondere Gegrilltes vom Rind, Schaf oder Lamm – Nyama choma eben.

Tamarind Nairobi, im National Bank Building (Zugang über die Haile Selassie Avenue oder den Aga Khan Walk seitlich der Harambee Avenue), Nairobi, Tel. 020/33 89 59. Gehört zur selben Restaurantkette wie das Carnivore. In eleganter Umgebung gibt es hier exzellente europäische, asiatische und Swahili-Küche – Langusten in Kokosmilch und Curry, Gegrilltes vom Zebra, Kudu und Krokodil.

TOP TIPP **The Carnivore** (›Fleischfresser‹), Langata Road, außerhalb der Stadt, Nairobi, Tel. 020/60 27 75. Ein Muss in Nairobi, Reservierung dringend empfohlen. Hier kann man für einen soliden Preis so viel Fleisch essen, wie man verträgt: Rind, Wildebeest und Hartebeest (2 Antilopenarten), Krokodil und Zebra.

13 Karen Blixen Museum

TOP TIPP *Ein Muss für Literaturfreunde und Afrika-Nostalgiker.*

Inmitten herrlicher, parkähnlicher Gärten auf 2000 m Höhe am Fuße der *Ngong Hills* gelegen, zieht seit Mitte der 1980er-Jahre das Karen Blixen Museum (www.museums.or.ke, tgl. 9.30–18 Uhr) Scharen von Besuchern an. Der Grund für diese Wallfahrt liegt in der Verfilmung des Romans ›Afrika, dunkel lockende Welt‹ der dänischen Autorin Tania Blixen, Robert Redford und Meryl Streep spielten die Hauptrollen. **›Out of Africa‹** (Jenseits von Afrika), so der Filmtitel, wurde zu einem Welterfolg und machte die dänische Baronin, Kaffeefarmerin und Schriftstellerin nach ihrem Tode einem breiteren Publikum bekannt.

Als Karen Dinesen 1885 in Dänemark geboren, entfloh sie 1914 der bürgerlichen Enge ihrer Heimat mit ihrem Cousin, dem schwedischen **Baron Bror Blixen-Finecke** nach Ostafrika, um dort in den 1920er-Jahren eine typische europäische Siedlerexistenz aufzubauen. Doch Karen blieb das Glück versagt: Schon bald nach ihrer Heirat in Mombasa verließ ihr Mann sie wegen einer anderen Frau und Karen musste allein auf sich gestellt gegen Missernten und Preisverfall im Kaffeegeschäft kämpfen. Nach ihrer Scheidung verlebte sie zwar noch eine schöne Zeit mit ihrem Geliebten, dem adligen Lebemann und Hobby-Flieger **Denys Finch-Hatton**, doch Anfang 1931 endete auch dieses Glück abrupt. Der begeisterte Pilot stürzte in den nahen

Zähnefletschend bewacht – die Bibliothek im Karen Blixen Museum ist wohlsortiert

Kinderbeine im Kaffee – ob Kaffeebohnen in Kenia Murmeln ersetzen?

Kaffee – edler Devisenbringer

Nicht gerade billig, aber von höchster Qualität – das ist **Kaffee arabica**, neben rustica jene Kaffeesorte, die in Höhen zwischen 1200 und 1800 m vor allem nördlich von Nairobi an den Hängen des **Mount Kenya** sowie der **Aberdares** gedeiht. Ausreichender Regen, dazu eisenhaltige und vulkanische Böden garantieren das Heranreifen jener roten Steinfrucht, deren Röstung zu dem berühmten Kaffeearoma führt.

Neben Tee, Sisal und dem Tourismus ist Kaffee einer der wichtigsten **Devisenbringer** des Landes. Der Anbau der Kaffeesträucher durch viele Tausend Kleinbauern oder im Plantagenstil kann aber ein riskantes Geschäft sein, wenn die Weltmarktpreise für die Bohne wieder einmal drastisch fallen. Baronin **Blixen** war nicht die erste und letzte, die im Kaffeegeschäft scheiterte. Allerdings fehlte in den 1920er-Jahren auch noch die Erfahrung im kenianischen Kaffeeanbau, sodass die gelegentlich geäußerte Vermutung zutreffen mag, die Böden der Blixen-Farm westlich von Nairobi seien für die Kaffeepflanze ungeeignet gewesen.

Übrigens: Deutschland gehört zu den **Hauptabnehmern** kenianischen Kaffees. Um ihn pur genießen zu können, begibt man sich am besten in das Land am Äquator, denn reiner Kaffee **made in Kenya** ist zu kostbar und wird daher bei uns eher zur Veredelung anderer Kaffeesorten verwendet.

Ngong Hills tödlich ab. Erschüttert durch die private Tragödie und den Bankrott ihrer Kaffeefarm, sah sich Karen Blixen gezwungen, ihrer geliebten afrikanischen Wahlheimat für immer den Rücken zu kehren, um schließlich im Jahr 1962 in ihrer dänischen Heimat zu sterben.

Das **Museum** befindet sich in Nairobis Nobelvorort Karen in der Karen Road – Ort wie Straße verdanken ihren Namen natürlich der Schriftstellerin. Es liegt 15 km in südwestlicher Richtung vom Stadtzentrum Nairobis entfernt: Von der City folgt man zunächst westwärts der Kenyatta Avenue, zweigt dann links in die Ngong Road ab und biegt schließlich von dieser wieder links in die Karen Road ein. Bei klarem Wetter genießt man vom Anwesen der ehem. Farm einen wunderschönen Blick auf die blauen Ngong Hills.

Das ziegelgedeckte, bungalowartige **Farmhaus** spiegelt mit seinem Interieur den Glanz der weißen Siedlertage in Ostafrika wider. Die gezeigte Einrichtung fand z. T. Verwendung in dem Spielfilm, nicht jedoch das Haus selbst. Die Bilder an den Wänden sind Reproduktionen von Arbeiten Karen Blixens, deren Originale in ihrem Sterbehaus, Gut Rungstedlund bei Kopenhagen, hängen.

i Praktische Hinweise

Anfahrt mit dem Bus Nr. 111 von der Moi Avenue im Zentrum nahe dem Hilton Hotel, ansonsten mit dem Taxi.

14 Ngong Hills

Gut für einen tiefen Blick in die Erdgeschichte.

Etwa 30 km südwestlich von Nairobi erheben sich über 2400 m hoch die Ngong-Berge. Für Kurzausflüge, Picknicks und Wanderungen eigentlich bestens geeignet, empfiehlt es sich gleichwohl, bei der Polizei in Ngong Informationen über die aktuelle Sicherheitslage einzuholen. Immer wieder ereignen sich hier Überfälle auf Touristen.

Abgesehen von dem eher unscheinbaren **Grab**, das Karen Blixen am Fuß des Massivs für ihren hier abgestürzten Geliebten Denys Finch-Hatton anlegen ließ, lohnt ein Ausflug in die Ngong Hills vor allem wegen der gebotenen Aussicht – ein faszinierender Rundblick, der auch das grandiose Rift Valley erreicht.

Im Vogelflug zum Lake Magadi – wie Schlieren in der weiten Ebene wirken die Ausfransungen des Sees mit seinem gigantischen Soda-Vorkommen

15 Olorgesailie Prehistoric Site und Lake Magadi

Auf den Spuren unserer Urahnen.

An der östlichen Abbruchkante des **Rift Valley**, gut 60 km in südwestlicher Richtung von Nairobi entfernt, an der Straße C 58, die den Lake Magadi mit der Hauptstadt verbindet, erwarten den Besucher beim **Olorgesailie Prehistoric Site** Ausgrabungsfunde aus vorgeschichtlicher Zeit. In den 40er-Jahren des 20. Jh. entdeckte hier das legendäre Forscherehepaar Mary und Louis Leakey einen menschlichen Wohnplatz an einem heute ausgetrockneten See, der wahrscheinlich vor rund 500 000 Jahren existiert hatte. Zwar fanden sich keine menschlichen Knochen, dafür jedoch steinerne Werkzeuge und tierische Überreste. Zum Teil sind die Funde in Nairobi zu sehen, einiges ist indessen in einem kleinen **Museum** (tgl. 9.30–18 Uhr) am Ort verblieben. Hier gibt es auch die Möglichkeit zur bescheidenen Selbstverpflegung.

Lust auf Hitze? Wer einen der statistisch heißesten Plätze Kenias kennen lernen will, sollte die Weiterfahrt zur 50 km entfernten Magadi-Senke nicht scheuen, wo Tagesdurchschnittstemperaturen von 38 °C herrschen. Hier am **Lake Magadi** befindet sich eines der größten Soda-Vorkommen der Erde, dem der Ort Magadi seine Existenz verdankt. In der Sprache der Massai bedeutet Magadi ›Soda-Asche‹. Eigentlich ist die Bezeichnung ›See‹ ja eine Übertreibung, denn ein Großteil der Fläche besteht aus Schlamm, der sich aus Wasser und Sodasalz zusammensetzt. Am Rande der Salzpfanne schleudern heiße Quellen unterirdisches Wasser empor, dessen Salze an der abflusslosen Erdoberfläche eine abbaufähige Kruste bildet. Magadi-Soda wird über Mombasa exportiert, die nach dem großen Salzsee in den USA weltgrößten Soda-Vorkommen finden vor allem Absatz in Japan zur Glasherstellung (R. Trillo).

Trotz aller Unwirtlichkeit – am Südufer des Sees können sich Vogelliebhaber über Flamingoschwärme, viele Wattvögel und den in Kenia nur hier auftauchenden Halsbandregenpfeifer freuen.

Unter den motorisierten Einheimischen Nairobis gilt der Lake Magadi am Wochenende als beliebter Picknick-Ort.

i Praktische Hinweise

Die genannten Orte sollten von Standquartieren in Nairobi aus besucht werden, da es am Ziel keine geeigneten Unterkünfte gibt.

5Y-BGF

Der Westen – Gnus, Grassavannen und schier endlose Wasser

Die unermesslich weiten Savannen des berühmten **Masai Mara National Reserve** mit ihren gewaltigen Tierherden sind eines der größten Naturwunder der Welt – besonders dramatisch zu erleben von der Gondel eines **Heißluftballons** aus, wenn man hinunterblickt auf ein graues Meer wogender Gnu-Rücken, die in Millionenstärke ab Juni das grünende Reservat durchstreifen. Kaum ein Schutzgebiet Kenias verfügt über eine derartige Vielzahl *romantischer Lodges* inmitten der Wildnis wie Masai Mara, kein Wunder also, dass es eines der bevorzugtesten Reiseziele Ostafrikas ist.

Äußerst farbenfroh wirkt am dicht besiedelten Ufer des **Lake Victoria** das Leben der Menschen, die hier fruchtbare Böden bebauen und nachts im See so manchen schweren Barsch fangen. **Kisumu** ist Kenias Hauptort an den Ufern des riesigen Binnenmeeres, hier bietet sich wie selten sonst die Gelegenheit, Seefischspezialitäten zu genießen. Die gemütliche kleine Hafenstadt ist die Fährstelle zur Überquerung in Richtung Uganda und Tansania. Und das Museum Kisumus zählen Kenner zu den interessantesten des Landes. Gegen ein wenig »small money« kann man vom lebendigen Fischerdorf **Dunga** aus unvergessliche Kanufahrten unternehmen – am Seeufer gründeln Wasservögel und nicht selten gelangt das Boot in die Nähe von Hippos, die sich auch hier in Stadtnähe wohl fühlen.

Was wäre Kenia ohne Tee? Bei **Kericho** überziehen Teesträucher, dicht gepflanzt wie Teppiche, die ›grünen Hügel Afrikas‹. Auch die Reste des dschungelartigen Regenwaldes von **Kakamega** sowie die ursprüngliche Wildheit des Vulkans **Mount Elgon** machen den Westen Kenias zu einem faszinierend vielfältigen Reisegebiet.

16 Masai Mara National Reserve

TOP TIPP *Wildtierparadies – Land der wandernden Tierherden.*

Im Gegensatz zu den Regionen am Lake Victoria und am Mount Elgon ist dieses Wildschutzgebiet eine der am häufigsten besuchten in ganz Kenia, entsprechend entwickelt ist hier auch die touristische Infrastruktur.

Mit seiner Fläche von 1672 km² im Südwesten des Landes gelegen, schließt das Reservat ›nahtlos‹ an die berühmte **Serengeti** im benachbarten Tansania an. 25 000 km² misst dieses gigantische Schutzgebiet zusammengenommen, in dem die Tiere ungehindert umherziehen können.

Die unendlich weit scheinende, leicht gehügelte Savannenlandschaft der Masai Mara ist im Nordosten und Westen von Bergregionen gerahmt und wird von vielen Flüssen durchzogen, die von Akazienwäldern begleitet werden. Den Norden bedeckt ein großes Sumpfgebiet, das die meiste Zeit des Jahres trocken liegt. Ein Teil des Areals ist den nomadisierenden **Massai** als Weideland für ihre Herden vorbehalten, ihre eigentlichen Wohn- und Weidegebiete wurden nach außerhalb des Reservats verlegt. Dort hüten sie ihre Rinder- und Ziegenherden und dort stehen ihre braunen, runden Hütten aus Lehm und Kuhdung, ringförmig angeordnet um das dornenbewehrte Viehgatter in der Mitte.

◁ *Ballonsafari in der Masai Mara – lautloses Schweben über die ins zarte Morgenlicht getauchte Savanne*

Afrika-Abenteuer auf Zelluloid gebannt – der Löwe wird zu Hause Furore machen

Heia Safari!

»Geht's heute auf Safari?« – so oder ähnlich lautet häufig die freundliche Frage von Hotelangestellten an den Gast, wenn dieser morgens nach der Stärkung am Frühstücksbuffet mit Rucksack und Kamera gewappnet den Minibus vor dem Hoteleingang besteigt. Dabei bedeutet das Swahili-Wort ›**Safari**‹ jede Art von **Reise**, lang oder kurz, mit oder ohne Übernachtung. So könnte also unser Gast im Minibus gemeinsam mit anderen Touristen einen **Tagesausflug** von seinem Hotel bei Mombasa aus in das nahe gelegene Shimba Hills National Reserve durchführen, am Abend aber schon wieder mit dem Glas Whisky in der Hand unter Palmen seines Hotels sitzen und den Sternenhimmel über dem leise rauschenden Meer bewundern.

Für **mehrtägige Safaris** bieten sich grundsätzlich zwei Möglichkeiten an. Entweder man übernachtet innerhalb eines Nationalparks in mehr oder weniger komfortablen **Zelten**, oder aber man zieht die feste Unterkunft in einer **Lodge** des Parks vor. Die erste Variante ist meist etwas preiswerter, rustikaler und – romantischer. Die Lodge hingegen bietet in der Regel mehr Komfort bei höheren Preisen. In beiden Fällen bricht man gewöhnlich zweimal täglich – frühmorgens und am Nachmittag – mit dem Jeep oder dem Minibus zu **Pirschfahrten** ins Gelände auf. Die Fahrzeuge sind so konstruiert, dass die Tiere aus angemessener Entfernung gut fotografiert werden können. Vielleicht hat der Wagen überhaupt kein Dach, oder aber, wie im Falle der Minibusse, ein Teil des Daches kann nach oben ausgestellt werden, sodass bequem aus der Luke heraus ›geschossen‹ werden kann. **Informationen** zu Safaris geben alle größeren Reisebüros in Deutschland oder im Urlaubsland Kenia.

So vielseitig der Safari-Begriff in Kenia ist, so unterschiedlich sind heute auch die **Safari-Arten**. Für etwa 250 US-Dollar pro Tag kann man etwa in Isiolo, dem Tor zum Norden des Landes, an einer bequemen **Kamelsafari** teilnehmen, die 3–5 Tage dauert. Einen Ritt auf dem schwankenden Rücken eines gemächlich dahintrottenden Wüstenschiffs durch die rauhe Landschaft um Isiolo wird man nicht so leicht vergessen (Info: Camel Trek, Nairobi, Tel. 020/89 10 79, Fax 020/89 17 16).

Ballonsafaris sind ein anderer Hit. Vor allem im Masai Mara National Reserve kann man sich für knapp 400 US-Dollar dem Abenteuer eines gut einstündigen Gleitflugs über faszinierende Herden von Wildebeest aussetzen, Frühstück vom Brenner inklusive (Info: Pollman's Tours and Safaris Ltd., Taveta/ Shimanzi Road, Mombasa, Tel. 041/31 25 65, Fax 041/31 45 02).

An den Rand gedrängt – einen Teil des Reservats können Massai als Weideland nutzen

Die Wahrscheinlichkeit, hier, in einem der schönsten und tierreichsten Nationalparks des Landes, in relativ kurzer Zeit den ›**Big Five**‹ zu begegnen, ist sehr hoch. Im Gegensatz zu anderen Schutzgebieten darf man in der Masai Mara mit dem Leihwagen von den vorgefundenen Pisten abweichen und sich auf eigene Pirschfahrt begeben, sollte dies aber nur mit kundiger Begleitung tun. Während der Fahrt durch die gelbliche Grassavanne trifft man stets auf Elefanten, Zebras, Warzenschweine und verschiedene Gazellenarten. Giraffen halten sich meist in der Nähe der Schirmakazien auf. Und wenn der Jeep unvermittelt anhält, dann hat der begleitende Rancher wahrscheinlich einen Löwen oder gar eine ganze Löwenfamilie im Gras entdeckt. Das ungeübte Auge des Besuchers hätte sie wohl kaum erspäht – Fahrern und Ranchern entgeht jedoch so gut wie nichts. Die Flüsse Mara und Talek führen das ganze Jahr über Wasser, sind Lebensspender für unzählige Wildtiere – Krokodile und Flusspferde halten sich dort auf, Zebras und Gnus kommen zur Tränke und bevölkern die Ufer.

Fette Zeit für Krokodile – durstige Burchell-Zebras laufen am Mara River in eine Todesfalle, für das schwächste Tier gibt es kein Entrinnen

Ausladende Schirmakazien setzen in der wilden Weite der Masai Mara die Akzente

Seinen einmaligen Ruf verdankt der Park dem Zug der Weißbart-Gnus und der Wildebeest: Alljährlich im Juni/Juli machen sich bis zu **2 Mio. Gnus**, **Zebras** und **Antilopen** von der südlich sich erstreckenden, staubtrockenen Serengeti auf die Wanderschaft in die Masai Mara, wo sie noch reichlich sprießendes Grün vorfinden. Die Massenbewegung Tausender stampfender, mächtige Staubwolken aufwirbelnder Tiere ist ein wahrhaftig atemberaubendes Schauspiel, das jeden Augenzeugen in seinen Bann schlägt. Auch die Räuber der Savanne – Löwen, Geparden, Hyänen, Schakale und Krokodile –, die fette Beute wittern, den Herdenzug begleiten und auf ihre Chancen warten. Vor allem bei Flussüberquerungen spielen sich dramatische Situationen ab, wenn Hunderte durstiger Zebras und Gnus eine Furt umlagern und ein 4 m langes Mara-Krokodil, eben noch am Ufer unbeteiligt dösend, plötzlich wie aus der Totenstarre auffährt und sacht ins

Schauplatz großer Tierwanderungen – Gnus ziehen im diffusen Abendlicht über die Savanne, die Luft ist erfüllt von Staub und dem Schnauben der Herde

Hochgewachsen, stolz und unabhängig – die Massai

Wohl kein anderes Volk Kenias weckt ähnliche Assoziationen von ›**edlen Wilden**‹ wie das der Massai, die heute überwiegend als **Halbnomaden** im Westen des Landes und darüber hinaus im angrenzenden Tansania leben.

Traditionell waren die hochaufgeschossenen, schlanken Massai reine Nomaden gewesen, deren unbedingter Lebensmittelpunkt die **Rinderherde** bildete. Selten töteten sie eines ihrer Rinder, obwohl Fleisch neben Milch und Blut zu ihren Nahrungsmitteln gehörte. Bis die Europäer zu Beginn des 20. Jh. die Löwen auf ihren Großwildjagden dezimierten, lieferte diese Raubkatze das begehrte Fleisch.

Die Verehrung der Rinder war religiös begründet. Nach einem alten **Schenkungsmythos** gab Gott Enkai den Massai die Rinder. Seither sahen sie sich als allein rechtmäßige Eigentümer allen Viehs auf der Erde. Es versteht sich beinahe von selbst, dass bei einer derartigen Verehrung des Viehs die Ackerbodenwirtschaft als eines Massais unwürdig galt und dieses Volk solche Tätigkeit bis heute gering schätzt. So erklärt sich auch Viehdiebstahl bei ihnen als etwas durchaus Normales, denn das eroberte Tier war ja ohnehin den Massai von Gott zugedacht. Daneben spielte früher der Viehraub auch eine wichtige Rolle im Sinne eines **Männlichkeitsnachweises**.

Heute kämpfen die stolzen, als extrem konservativ geltenden Massai mit den Auswirkungen der Moderne. Mit ihren leuchtend roten Tüchern und Kleidern – das **Rot** soll die Löwen fernhalten –, ihrem kunstvoll gearbeiteten Schmuck sowie ihren Schilden und Speeren bedienen sie eher zähneknirschend die Erwartungen der Touristen. Keine Lodge, kein großes Hotel im kenianischen Westen kommt ohne typische **Massai-Tänze** aus. Immer wieder faszinieren dabei die jungen athletischen Männer. Weniger durch ihre Kleidung – kurze Lederröcke, Brustgurt, Armreife und Perlenketten, die Haare in feinen Zöpfen zu Ornamenten geflochten –, als vielmehr durch ihre enorm hohen **Luftsprünge**, wobei sie unvermittelt aus dem Stand heraus und mit absolut steifem Rücken senkrecht in die Höhe schnellen. Das wirkt mitunter noch recht kriegerisch, doch heute mündet ihr Tanz nicht mehr in die Jagd.

Der Kern des Massai-Problems unserer Tage liegt in der **Landfrage** begründet. Nahmen schon früher die britischen Siedler viel von dem Nomadenland, so bewirkten später die neu geschaffenen **Wildschutzgebiete** zusätzliche Störungen im Lebensrhythmus der Massai. Es verwundert deshalb nicht, dass zwischen den immer noch unbeugsamen Nomaden und der Regierung in Nairobi ein ständiger **Streit** über die Nutzung von Land und Tieren in den geschützten Regionen schwelt.

Tischleindeckdich mitten im Busch – jede Ballonfahrt endet traditionell mit Champagner

Wasser gleitet … Im Oktober/November setzt dann die Rückwanderung der Herden in Richtung Serengeti ein.

Der Besucherandrang ließ in der Masai Mara rund **20 Camps** zur Übernachtung entstehen, deren Ausstattung und preisliche Kategorisierung z. T. üppig ausfällt. Von einigen dieser Camps lassen sich auch traumhafte Fahrten mit dem **Heißluftballon** unternehmen, der wie ein riesiges Ausrufezeichen über die Savanne schwebt und dabei einen gigantischen Schatten vor sich her treibt – eine herrliche Aussichtsloge auf Landschaft und Tiere. Champagner nach der Landung ist obligat. Da die Tiere durch die bunten Ungetüme zuweilen verschreckt werden, ist der Nutzen dieser Ballonfahrten jedoch nicht unumstritten.

i Praktische Hinweise

Information

Kenya Wildlife Service, Nairobi Headquarters, P.O. Box 40241, Nairobi, Tel. 020/60 08 00, Fax 020/60 37 92, www.kws.org

Unterkünfte

*****Keekorok Lodge**, am südlichen Ende des Reservats, Tel. 020/55 95 29, Fax 020/65 03 84, www.wildernesslodges.co.ke. Geschmackvoll eingerichtete Bungalows, gezielte Verwendung örtlicher Baumaterialien, Swimmingpool, Ballonfahrten möglich.

*****Mara Safari Club**, am Fuße der Aitong Hills, Tel. 020/21 69 40, Fax 020/21 67 96, www.lonrhohotels.com. Luxuszelte oberhalb des Mara River, die jeden nur erdenklichen Komfort bieten. Pool, Ballonsafaris, Fluglandebahn.

*****Sarova Mara Game Camp**, Masai Mara National Reserve, Tel. 050/223 86, Fax 050/223 71, www.sarovahotels.com. Luxuriöse, stilvoll gestaltete Zelte, Pool und Folkloredarbietungen.

17 Kisumu und Lake Victoria

Buntes afrikanisches Leben am drittgrößten See der Erde.

Trotz Flugplatz und Hafen geht es in Kenias drittgrößter Stadt eher schläfrig und ein wenig gemächlich zu.

Zu Beginn des 20. Jh. als vorläufiger Endpunkt der Mombasa–Nairobi-Eisenbahnlinie gegründet, war **Kisumu** jahrzehntelang ein lebhaftes Zentrum für den **Güterumschlag** am Lake Victoria. Diese Blütezeit endete, als 1977 die East African Community (Kenia, Tansania und Uganda) zerbrach und der Westen Kenias ins wirtschaftliche Abseits geriet. Erst in jüngster Zeit kam es zu einer gewissen Belebung in und um Kisumu, was jedoch der insgesamt beschaulichen Atmosphäre der Stadt vorerst wenig Abbruch tat.

Kisumu zählt heute rund 200 000 Einwohner, die überwiegend dem Volk der **Luo** angehören. Neben den Luo haben sich viele **Swahili** angesiedelt; darüber hinaus ist die Stadt seit den Tagen des Eisenbahnbaus Heimat einer starken **indischen** Bevölkerungsgruppe.

Geprägt vom heißen feuchten Klima, schmiegt sich Kisumu an einen Hang, der sanft zu den Ufern des Lake Victoria abfällt. Belebte Hauptachse ist die Oginga Odinga Road, deren Mitte hügelan der markante weiße Pfeiler des **Clock Tower** (1938) akzentuiert. Weiter oben trifft die Straße auf den Kenyatta Highway. Hier erinnert der stattliche Bau des **British Council** mit seinem säulenbestückten Portal an vergangene Kolonialzeiten. Damals hieß der Ort Port Florence – nach Florence Preston, der Frau des englischen Eisenbahningenieurs, der 1901 für die Fertigstellung der Uganda-Eisenbahn verantwortlich zeichnete. Hotel-, Bank- und Geschäftsbauten prägen heute hier das Straßenbild.

Museumsbesuch – die Kultur der Luo

Folgt man der Kenyatta Avenue nach links und biegt an ihrer Kreuzung mit der Nairobi Road nach rechts, erreicht TOP TIPP man alsbald das **Kisumu Museum** (www.museums.or.ke, tgl. 8.30–18 Uhr), das als eines der besten Museen des Landes gilt. Gezeigt werden vor allem Exponate des Alltagslebens der Völker in der Region. Vogel-, Insekten- und Ameisenfallen faszinieren den Besucher ebenso wie Waffen, Kleidungsstücke und Möbel. Neben ausgestopften Vögeln bildet ein präparierter *Löwe*, der gerade ein Wildebeest reißt, den Stolz des Hauses.

Im Freien gibt es die üblichen Betonbecken für ein paar stattliche Krokodile und Schildkröten sowie Terrarien mit den giftigsten Schlangen des Landes. Auf dem Museumsgelände informiert außerdem ein Gehöft über die Wohnkultur der **Luo**, des zweitgrößten, im Westen des Landes beheimateten kenianischen Volkes. Ebenerdig ist die Wohnhütte mit niedrigem Eingang angelegt, die zugehörige Vorratshütte dagegen steht zum Schutz vor Schlangen und Ungeziefer auf Stelzen. Vor Jahrhunderten waren die Luo aus dem Gebiet des südlichen Sudan in die Gegend am östlichen Ufer des Lake Victoria gezogen. Mit ihren Viehherden nahmen sie das Land in Besitz, wobei sie ansässige Stämme der Bantu verdrängten bzw. durch Heirat ihrem Volk integrierten. Kaum mehr praktiziert wird von ihnen jener Initiationsritus, bei dem Kindern im Übergang zum Erwachsenenalter sechs Zähne des Unterkiefers ausgebrochen werden. Beschneidungen haben sie – im Unterschied zu den allermeisten Ethnien – niemals ausgeführt. Sie

Gewitterwolken schieben sich über die schier endlose Wasserfläche des Lake Victoria

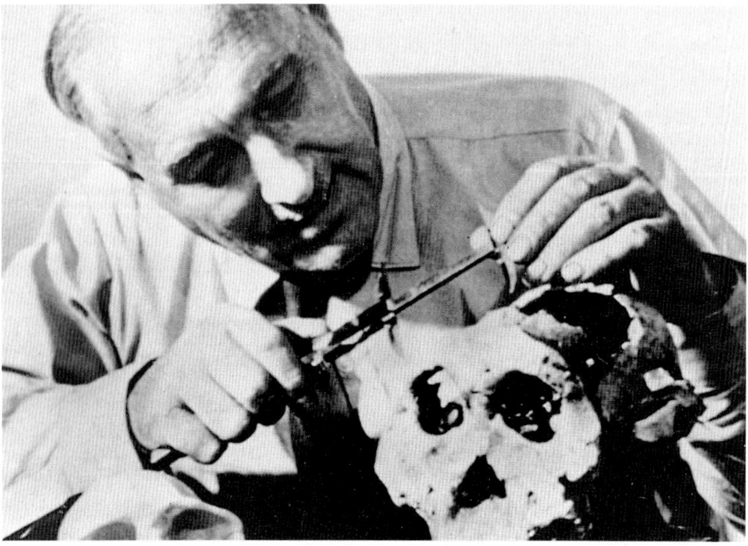

Louis Leakey vermisst einen in der Olduvai Schlucht (Tansania) gefundenen Schädel

Forscherleben – die Leakeys

Die Leakeys und Kenia – das ist die Geschichte einer ebenso intensiven wie auch wechselhaften Beziehung.

Der angehende Missionar **Louis Leakey** (1903–1972) kam 1923 zur Erholung nach Ostafrika. Hier verlor er unter dem Einfluss von professionellen Fossilienforschern sein Herz an die **Anthropologie**. 1926 kehrte er in das spätere Tansania zurück. In der Olduvai Schlucht fand der ehem. Theologiestudent jahrmillionenalte Steinwerkzeuge. Mit seiner Frau **Mary** unternahm Leakey Grabungen auf **Rusinga Island** im Lake Victoria, Mary entdeckte dabei den Schädel von ›Proconsul‹, einem von ihr so genannten, affenähnlichen Geschöpf, das fortab die wissenschaftliche Aufmerksamkeit auf Ostafrika als die mögliche **Wiege der Menschheit** lenkte. Nach dem Tode ihres Mannes gelang Mary Leakey im Jahr 1977 noch der Fund von 3,6 Mio. Jahre alten, in der Lava Tansanias konservierten Fußspuren dreier Hominiden.

Richard Leakey, einer der beiden Söhne des Forscherehepaares, machte sich in den 1970er-Jahren daran, eine würdige Nachfolge seiner Eltern in der **Paläoanthropologie** anzutreten. Tatsächlich fand der Amateurforscher zusammen mit seinem kenianischen Mitarbeiter Kamoya 1984 am **Lake Turkana** das fast vollständig erhaltene Skelett eines Homo erectus. Sein Alter: rund 1,5 Mio. Jahre. **Meave Leakey**, Richards Frau, machte sich einen Namen, als sie Skelettreste eines 4 Mio. Jahre alten Hominiden am Westufer des Lake Turkana ausgrub.

Im Jahr 1989 ernannte die kenianische Regierung Richard Leakey zum **Chef des Wildschutzdienstes** – eine riskante Aufgabe, denn sie platzierte den weißen Kenianer an die Frontlinie zwischen skrupellosen Wilderern einerseits und mit der Tourismusindustrie verbündeten Tierschützern andererseits. Feinde machte er sich ferner unter vielen kleinen Bauern im Lande, denen der Tierschutz oft zu weit ging. Im Frühjahr 1994 gab Richard Leakey auf: Vorwürfe des Rassismus und der Korruption hatten ihn zermürbt. Angehörige der Massai argwöhnten, er unterstütze einseitig die Kikuyu bei der Vergabe von Selbsthilfeprojekten. Den Hintergrund dieses Vorwurfs bildete die Tatsache, dass Leakeys Vater sich seinerzeit in einen der Kikuyu-Stämme hatte aufnehmen lassen. Ende der 1990er-Jahre engagierte sich Leakey in der **Politik**, um mit einer neu gegründeten Partei dem Präsidenten Moi das Fürchten zu lehren. Umsonst – der alte Präsident wurde auch wieder der neue.

kennen jedoch die Polygamie. Einen hervorragenden Ruf haben sie als Fischer auf dem Lake Victoria, sie leben aber auch von Ackerbau und Rinderzucht.

Bunter Markt und Hippo Point

In entgegengesetzter Richtung, kurz vor dem Seeufer, steht in der Otiena Oyoo Street die 1919 erbaute **Jamia Mosque** – pastellgrün und weiß leuchtend –, die erste steinerne Moschee indischen Baustils im kenianischen Hinterland. Seit den 1980er-Jahren besitzt sie auch einen eigenen Frauentrakt.

Keinesfalls versäumen sollte man den Besuch des **Kibuyu Market** (nur So) am Jomo Kenyatta Highway, der rund 1 km nördlich der Kreuzung mit der Nairobi Road sein überreiches Angebot ausbreitet. Er ist einer der größten und buntesten Märkte des Landes überhaupt, hier scheint es nichts zu geben, was es nicht gibt: Lebensmittel der Region und aus Übersee, Möbel und Holzschnitzereien fehlen ebenso wenig wie Secondhand-Kleidung und – typisch für diesen Markt – *Tonwaren* aller Art. Der Markt, wie Kisumu überhaupt, bietet in ganz Kenia die beste Möglichkeit, Arbeiten aus *Speckstein* zu erwerben.

Ein nahes und lohnenswertes Ausflugsziel ist **Hippo Point**, rund 3 km südlich der Stadt, ein herrlicher Logenplatz am Lake Victoria. Zwar tauchen hier kaum Flusspferde – Hippos – auf, doch ist die Aussicht von den Ruinen des Cafés *›Dunga Refreshments‹* auf die grandiose Wasserfläche in der Tat überwältigend. Das in Reiseführern stets erwähnte kleine Café ist vor Jahren abgebrannt und der Wiederaufbau kommt nicht voran.

Am Seeufer des Dörfchens **Dunga**, 500 m weiter, werden vormittags die Fische vom nächtlichen Fang angelandet und vermarktet.

Am ›Mittelmeer Ostafrikas‹

Kisumu eignet sich gut als Ausgangspunkt für Entdeckungsfahrten am und auf dem **Lake Victoria**, neuerdings sind auch wieder Fährverbindungen nach Tansania und Uganda in Betrieb. Auf keinen Fall sollte man hier jedoch Badefreuden erwarten. Der Lake Victoria gilt als bilharzioseverseucht (die Bilharziose ist eine Wurmerkrankung, die bei Infizierten zur Schädigung innerer Organe führen kann).

Mit einer Fläche von knapp 70 000 km^2 – das entspricht etwa der Größe Irlands – nimmt der Viktoria-See bezüglich der Ausdehnung nach dem Kaspischen Meer und dem amerikanischen Lake Superior weltweit den dritten Platz ein. Durchschnittlich ca. 90 m tief, entfallen dabei auf Kenia gerade einmal 3785 km^2. Der

Schiffsreise auf dem Lake Victoria – durch die Bucht von Kisumu tuckert die Fähre schwer beladen Richtung Homa Bay und zu den Inseln Rusinga und Mfangano

Umgarnt und festgezurrt – fatal ist die Wasserhyazinthenplage am Lake Victoria für die Fischer aus Kisumu, deren Boote im dichten Pflanzengeflecht hängenbleiben

größte Süßwassersee Afrikas – er beschickt mit seinen Wassern den Nil – gehört geologisch betrachtet nicht zu den Seen des ostafrikanischen Rift Valley. Wegen der enormen **Verdunstung** kommt es zu häufigen und ergiebigen Regenfällen, was in Verbindung mit den hohen Lufttemperaturen den ausgiebigen **Teeanbau** im Hinterland ermöglicht. Durch menschliche Eingriffe hat die Gegend am Viktoria-See heute mit schweren ökologischen Problemen zu kämpfen. Zu Beginn der 1960er-Jahre setzten britische Biologen **Nilbarsche** in dem Gewässer aus, die sich seither stark vermehrten. Ihr schmackhaftes Fleisch entwickelte sich zu einem Exportschlager, zugleich machten sich aber die bis zu 200 kg schweren Tiere über die heimischen **Tilapia-Fische** her. Die Tilapia wiederum waren die natürlichen Feinde jener Schnecken im See, die als Wirtstiere der Bilharziosewürmer dienen. Die Vertilgung der Tilapia führte daher zu einer signifikanten Zunahme der Bilharziose.

Ein anderes Problem für die Menschen am See stellt seit Mitte der 1980er-Jahre die **Wasserhyazinthenplage** dar. Noch weiß niemand, auf welchem Wege der Same dieser an und für sich schönen Pflanze einst vom südamerikanischen Amazonas an den Lake Victoria gekommen ist. Sicher ist hingegen, dass sich die Hyazinthe teppichartig auf dem Wasserspiegel ausbreitet, mit der Konsequenz, dass die Fischer kaum noch mit ihren einfachen Booten vom Ufer durch das dichte Pflanzenwerk zum Fang ausfahren können, wobei die Fische ohnehin nach und nach absterben werden.

Proconsul Africanus, Antilopen und Giraffen

Auch wenn das kenianische Seeufer keine spektakulären Landschaftsbilder bereithält, gibt es doch einige Sehenswürdigkeiten zu entdecken. Am Eingang des buchtenreichen *Winam Gulf* ist **Rusinga Island** durch einen Damm mit dem Festland verbunden. Am Nordufer dieser Insel steht das Mausoleum des Luo-Politikers *Tom Mboya*, der hier 1930 geboren und 1969 im Verlauf politischer Unruhen von der Polizei erschossen wurde. Die Anthropologin *Mary Leakey* fand auf Rusinga Island Reste eines Menschenaffen, der vor ca. 3 Mio. Jahren auf der Insel gelebt hatte. Andere Fossilien datieren aus noch weiter zurückliegenden Zeiten.

Ist schon Rusinga Island ein beliebtes Ziel für die Jünger Petri, erfreut sich die Nachbarinsel **Mfangano** eines geradezu exzellenten Rufes unter Anglern. Von Rusinga oder anderen Orten des kenianischen Ufers aus zu erreichen, ist Mfangano ein pittoreskes, vom Massentourismus weithin verschont gebliebenes Eiland im Lake Victoria. Nahe dem kleinen

Ort Ukula befindet sich auf einer hoch aufragenden Felsklippe eine bescheidene Höhle mit mysteriösen *Felsmalereien*, die Strahlen und Spiralen zeigen.

Im Schatten des vulkanischen *Mount Homa*, südwestlich des Ortes und der Bucht *Homa Bay*, erstreckt sich der nur 119 km^2 große **Ruma National Park**. Die Savannenlandschaft dieses sehenswerten Reservats bevölkern seltene Rappenantilopen, kostbare Rothschild-Giraffen sowie Jackson-Kuhantilopen.

i Praktische Hinweise

Information

Lake Travels Ltd., Alpha House, Oginga Odinga Road, Kisumu Zentrum, Tel. 057/422 04, Fax 057/422 16

Ruma National Park, P.O. Box 420, Homa Bay, Tel. 020/50 10 81/2, Fax 020/50 58 66, www.kws.org

Hotels

*****Imperial Hotel**, Jomo Kenyatta Highway, Tel. 057/202 00 02, Fax 057/ 202 26 87, www.imperialkisumu.com. Zentral gelegener moderner Bau. Im Restaurant bekommt man am ehesten in der Stadt ein stattliches Exemplar des berühmten ›Big fish‹, des Nilbarsch.

*****Sunset Hotel**, Kisumu, Tel. 057/411 00, Fax 057/227 45. Etwas außerhalb in Richtung Hippo Point/Dunga unweit des Seeufers in einem Landschafsgarten gelegener Hotelneubau mit eher sprödem Charme. Jedoch: sauber, nette Leute und guter Swimmingpool.

18 Kericho

Üppiges Grün so weit das Auge reicht.

Kericho ist **Tee** und Tee ist ein wichtiges Exportgut des Landes. Rund 85 km südöstlich von Kisumu erstreckt sich auf knapp 2000 m Höhe Kenias berühmtestes Teeanbaugebiet, dessen Zentrum die ca. 50 000 Einwohner zählende Stadt Kericho ist.

Das aufgrund der Höhenlage angenehme Klima lädt zu einer Stippvisite Kerichos, das Auge des Reisenden erfreut sich am saftigen Grün der Teepflanzungen, das die sanften Hügel bedeckt. Kolonialatmosphäre mit dem Charme vergangener Größe atmet das 1952 erbaute **Tea Hotel** im Osten des Städtchens, dessen weitläufige Parks noch jeden durchziehenden Touristen begeistert haben. Teeplantagen grenzen direkt an. Den Besuch einer Pflanzung ermöglicht der **Brooke Bond** (auf Voranmeldung unter Tel. 052/201 46).

Es grünt so grün auf den Hügeln rund um Kericho, wo Teepflücker in weitläufigen Plantagen ihrer Arbeit nachgehen. Tee bringt Kenia wichtige Devisen ein

Keine Angst vor Giftschlangen – Hirten im Kakamega Forest. Die kleine, streng geschützte Regenwald-Insel wird wegen ihres Tierbestands ›Schlangennest Kenias‹ genannt

Praktische Hinweise

Hotel

*****Tea Hotel Kericho**, Kericho, Tel. 052/300 04, Fax 052/205 76. Im Stil eines Country Clubs gehaltenes Haus mit 45 Zimmern und Cottages, herrlichen Gärten und Ausblicken auf immergrüne Teeplantagen, es besitzt ein eigenes Restaurant.

19 Kakamega Forest Reserve

Afrikanische Graupapageien, giftige Gabunvipern und schillernde Schmetterlinge im letzten Dschungel Kenias.

Nördlich des Lake Victoria, etwa 50 km von Kisumu entfernt, sind die letzten Reste eines vormals riesigen **Regenwaldgürtels** zu entdecken, der sich einst quer durch Afrika, von der Westküste durch das Innere des Kontinents bis hierher in den Osten, erstreckte. Heute umfasst das ca. 1600 m hoch liegende Waldgebiet nur noch knapp 50 km^2 und auch dieser Teil ist durch wilde Abholzung ständig bedroht.

Von Kisumu erreicht man das Schutzgebiet bequem über die nordwärts führende A 1. Reizvoll ist die Fahrt in leicht gehügelter Landschaft vorbei an riesigen Teefeldern bis zum Dorf *Shinyalu*, rund 20 km südöstlich der Stadt Kakamega gelegen.

Es ist ratsam, sich vor Ort einen kundigen Führer zu nehmen, der in rund 3 Std. zu den interessantesten Stellen in dem dschungelig verfilzten Walddickicht führt – eine angemessene Spende wird erwartet. Allerdings kann man den Forst auf Wanderwegen auch auf eigene Faust durchstreifen, eine Orientierungskarte ist am Reservateingang erhältlich. **Festes Schuhwerk** ist Voraussetzung, bildet der Wald doch ein Refugium für zahlreiche Arten von **Giftschlangen**. Tatsächlich wird man jedoch kaum einer begegnen, da Schlangen vor Menschen in der Regel die Flucht ergreifen. Kräftiges und festes Auftreten ist dennoch ratsam.

Eine Attraktion der harmlosen Art im Kakamega Forest sind die unterschiedlichsten, wundervoll gefärbten **Schmetterlinge** sowie ca. 300 Vogelarten, die die Baumriesen umschwirren. Das schönste Vogelgezwitscher begleitet den Wanderer auf seiner Pirsch naturgemäß am frühen Morgen.

Eine Route führt übrigens vom **Forest Rest House** nach wenigen Kilometern zum **Lirhanda Hill**, dessen Kuppe einen prächtigen Blick auf den Urwald und gelegentlich bis hin zum Vulkanmassiv des Mount Elgon gewährt.

i Praktische Hinweise

Besuche des Reservates sollten von Standquartieren in Kisumu aus erfolgen.

20 Kitale und Saiwa Swamp National Park

Ein Vorgeschmack auf den geheimnisvollen ›wilden Norden‹.

Etwa 180 km nördlich von Kisumu und fast 400 km nordwestlich Nairobis liegt Kitale, ein landwirtschaftliches Zentrum inmitten fruchtbaren Farmlands. Die Kleinstadt eignet sich gut als Ausgangspunkt für Exkursionen sowohl in die Mount Elgon-Region, als auch zum winzigen Saiwa Swamp National Park.

Mit dem **Kitale Museum** (Mo–Sa 8–18, So 9–18 Uhr) in der Kenyatta Street beherbergt die rund 53 000 Einwohner zählende Stadt eine durchaus beachtliche Sehenswürdigkeit. Es zeigt ethnologische Sammlungen vor allem zur Kultur der **Turkana**, einem traditionell kriegerischen und nomadischen Volk, das heute in weitgehender Isolierung von der Moderne in den wüstenähnlichen Regionen des kenianischen Nordwestens lebt. Sprachgeschichtlich sind sie mit den benachbarten Samburu und Massai verwandt, praktizieren aber nicht mehr wie diese die entsetzliche Beschneidung als Initiationsritual. Turkana-Männer bedecken ihr Haar häufig mit Lehm, den sie dann blau färben und mit Straußenfedern schmücken. Die Frauen tragen Metallschmuck und überbordende Halsringe aus Perlen [zu den Turkana vgl. auch S. 118].

Außerhalb des Museums sind traditionelle Haustypen verschiedener Völker und Stämme Kenias zu besichtigen. Unvermeidlich: Zum Museum gehört auch das übliche Schildkröten- und Krokodilbecken. Vielleicht am interessantesten ist hier ein **Naturpfad**, der hinter dem Museum durch unberührten Wald verläuft, vorbei an Lianengeflecht, Orchideen und Farnen. Eine Informationsbroschüre dazu ist im Souvenirladen des Museums erhältlich.

Ein von Schweden finanziertes Forstprojekt in Museumsnähe mit dem Namen **Olof Palme Agroforestry Centre** klärt die örtliche Bevölkerung über ökologisch sinnvolle Forstwirtschaft auf. Das Zentrum kann täglich besucht werden.

Wenige Kilometer nördlich der Stadt liegt der **Saiwa Swamp National Park**. Der kleinste Nationalpark Kenias (2 km^2) schützt seit 1972 insbesondere die seltenen, in Sumpf- und Wassergebieten heimischen Sitatunga-Antilopen. Das Regenwaldgebiet ist von Wanderpfaden durchzogen und darf nur zu Fuß durchstreift werden, von mehreren Beobachtungsständen aus kann man dabei die Antilopen erspähen.

i Praktische Hinweise

Hotels

Alakara Hotel, Kenyatta Street, Kitale, Tel. 054/203 95, Fax 054/302 98. Ein sehr ordentliches und sauberes Hotel mit Air-Conditioning und Warmwasser rund um die Uhr. Das zugehörige Restaurant serviert ausgezeichnete Steaks.

Bongo Hotel, Moi Avenue, Kitale, Tel. 054/205 93. Das gepflegte Haus mit sauberen Einzel- und Doppelzimmern verfügt auch über ein eigenes Restaurant.

21 Mount Elgon National Reserve

Bezaubernde Pflanzen und geheimnisvolle Höhlen an den Hängen eines Vulkans.

Weithin sichtbar und markant ragt das dreifach gipfelbewehrte Massiv des **Mount Elgon** auf. Der erloschene Vulkan ist mit 4321 m der zweithöchste Berg des Landes, über seinem östlichen *Kraterrand* verläuft die ugandisch-kenianische Grenze. Seine Ostflanke nimmt mit einer Fläche von 108 km^2 eines der kleineren Schutzgebiete Kenias ein, das aber zugleich auch eines der landschaftlich abwechslungsreichsten ist.

Das **Chorlim Gate**, das auf rund 2150 m Höhe als Eingangstor zum Reservat dient, ist von Kitale aus über Endebess (insgesamt rund 40 km) zu erreichen. Auf dem Bergpfad hinauf sowie auf der schlechten

Am Höhepunkt West-Kenias – urwüchsig ist die Landschaft am Mount Elgon

Anfahrtpiste vom Tor aus durchquert der Besucher die verschiedensten Vegetationszonen: Baumsavanne, tropisches Grün mit Bächen und Wasserfällen, Bambuswald und schließlich alpine Moor- und Heidelandschaft lösen einander ›von unten nach oben‹ ab, **Elefanten**, **Leoparden**, **Buschböcke** und **Büffel** sind dabei in den unteren Regionen zu Hause. Nur in Begleitung eines Rangers – das Gebiet war in der Vergangenheit gelegentlich Schauplatz von Überfällen – ist es möglich, das Gelände zu durchstreifen. Es ist eine außerordentlich regenreiche Region, um nicht Sturzbächen gleichende Wege beschreiten zu müssen, sollte daher ein Besuch in den eher trockeneren Monaten Dezember bis März erfolgen. In diesem touristisch kaum erschlossenen Gebiet finden vor allem echte **Naturliebhaber** ihr Dorado. Wer einen langen Atem hat und den Aufstieg zur Caldera, dem Kraterrand mit 8 km Durchmesser, nicht scheut, wird frühmorgens, wenn es noch am ehesten klar ist, mit fantastischen Rundblicken belohnt.

Wild und undurchdringlich – Bambuswald im Mount Elgon National Reserve

Als Hauptattraktion des Mount Elgon-Gebietes gelten **Höhlen** – mehr als 60 Grotten reichen in geheimnisvolle Tiefen der Vulkanhänge, viele davon erhalten regelmäßig Besuch von Elefanten und sind außerdem Wohnstätte für Tausende von Fledermäusen. Relativ leicht zugänglich ist die größte namens **Kitum Cave**, die sich 500 m von der Piste entfernt beim Chorlim Gate findet. Manche Forscher nehmen an, dass es die Dickhäuter selbst waren, die diese Höhle mit ihren Stoßzähnen herausbrachen – auf ständiger Suche nach salzhaltigen Mineralien, die hier sonst nirgends vorkommen. Die Kitum Cave geriet vor einigen Jahren im Zusammenhang mit dem tödlichen *Ebola-Virus* in die Schlagzeilen.

Von Übernachtungen im Höhlengebiet wird abgeraten, nicht zuletzt wegen eventuell missverständlicher Begegnun-

Geheimnisvolle Tiefe – in die Hänge des Vulkanriesen Mount Elgon führen zahlreiche Höhlen, die zum Teil weit verzweigt und noch nicht alle erforscht sind

gen mit Wildhütern, die die Schlafenden für Elfenbeinjäger halten könnten.

i Praktische Hinweise

Information

Mount Elgon National Park, P. O. Box 753, Kitale, Tel. 054/31 04 56, www.kws.org

Unterkunft

Mount Elgon Lodge, etwa 500 m außerhalb des Tors zum National Reserve, Buchungen über die Hotelkette Msafiri Inns, Tel. (Nairobi) 020/33 68 58. Zur Lodge gehört die übliche Bar sowie ein Restaurant.

Am Chorlim Gate besteht auch die Möglichkeit zum Campen.

Herrschaftlich Wohnen in gepflegtem Grün – die Mount Elgon Lodge, einst Landsitz eines englischen Lords, heißt Gäste herzlich willkommen

Rift Valley – Seen, Vulkankegel und Flamingoschwärme

Ein geologisches Faszinosum allererster Güte bildet das **Rift Valley**, das Teil eines rund 6000 km langen Grabenbruchs ist, der sich von Mosambik quer durch den afrikanischen Kontinent bis hinauf ins Jordantal im Nahen Osten zieht. »Fehlgeburt eines Ozeans« bezeichnete der australische Geophysiker McCall diese gigantische Erdspalte, die vor etwa 50 Mio. Jahren den Aufbruch eines neuen Meeres anzukündigen schien.

Einblick in die zerborstene Erdkruste kann man 40 km nördlich von Nairobi nehmen, wo sich an der Straße A 104 bei Uplands an der östlichen Abbruchkante des so gennanten **Escarpment** ein grandioser Aussichtspunkt bietet. Atemberaubend ist hier der Blick – hinüber zum 50 km entfernten Westrand und hinunter in das mehrere Hundert Meter tief eingeschnittene Tal, auf dessen Grund sich über Jahrmillionen **Seen** gebildet haben: Lake Naivasha, Lake Elmenteita, Lake Nakuru, Lake Bogoria und Lake Baringo sind die bedeutendsten – und allesamt alkalisch, mit Ausnahme der beiden ›süßen‹ Naivasha und Baringo. Der starke Alkaligehalt im Gestein rings um die Seen bewirkt zusammen mit der enormen Verdunstung an der Wasseroberfläche eine hohe Natriumkarbonatkonzentration, die Ursache für kräftiges Algenwachstum ist. Algen ziehen ihrerseits Fische und diese wiederum Vögel an.

Kein Wunder also, dass die **Vogelwelt** im Rift Valley außerordentlich vielfältig ist, mehr als 300 Arten hat man gezählt, darunter Pelikane, Kormorane, Marabus, Seeadler und Eisvögel. Berühmt sind vor allem die **Flamingos**, die sich von Algen ernähren und in riesigen Schwärmen die Salzseen im Valley bevölkern, früher bevorzugt nur den Lake Nakuru, mittlerweile aber auch andere. Gute Chancen zur Flamingo-Beobachtung hat man heute am Lake Bogoria, dessen Ufer zudem ein ganz besonderes Schauspiel bieten: Unter ungeheurem Druck schleudern **Geysire** hier heißes Wasser hoch in die Lüfte. Inaktiv hingegen sind die **Vulkane**, die sich wie eingestreut in die Seenkette vom Talboden erheben und mitunter als Aussichtskanzeln dienen, wie etwa der *Mount Longonot* bei Naivasha oder der *Menengai Crater* nördlich von Nakuru.

22 Lake Naivasha

Vogelparadies inmitten von Nelkenfeldern und Weingärten.

Verlässt man Nairobi in nordwestlicher Richtung auf der A 104, eröffnen sich alsbald vom **Rift Valley Escarpment** bei Uplands fantastische Perspektiven über das tief unten liegende Rift Valley mit seinen Vulkanen, den in der Ferne schimmernden Lake Naivasha, einzelnen kleinen Dörfern auf dem fruchtbaren, kleinteilig parzellierten Talboden sowie zur gigantisch hoch aufragenden Abbruchkante auf der gegenüberliegenden Seite.

Top Tipp

Rund 85 km von Nairobi entfernt, breiten sich auf der Talsohle die Stadt **Naivasha** mit ihren gut 20 000 Einwohnern sowie der gleichnamige See aus, der je nach Auswirkung von Trockenperioden eine Fläche von 150 bis 250 km² bedeckt. Naivasha geht auf das Massai-Wort ›en-ai-

◁ *Feuer und Wasser im Rift Valley – Vulkane wie Mount Longonot (***oben***) prägen den Grabenbruch ebenso wie Seen mit riesigen Flamingoschwärmen (***unten***)*

Papyrus und Reiher am Lake Naivasha

posha‹ zurück, was mit Bezug auf den sich ständig ändernden Wasserspiegel so viel bedeutet wie ›was sich hebt und senkt‹.

TOP TIPP Der von Schilf und Papyrus gesäumte Süßwassersee **Lake Naivasha** gilt vielen vor allem wegen der abwechslungsreichen Landschaft, in die er eingebettet ist, als der schönste See im Rift Valley. Den britischen Fluglinien Imperial Airways und BOAC dienten die Ebenen von Naivasha zwischen 1937 und 1950 als Airport für die Flugboote auf ihrem viertägigen Weg von London nach Nairobi. Heute hat sich auf den vulkanischen Böden rund um Naivasha die exportorientierte **Schnittblumenindustrie** angesiedelt, ferner wird hier – man höre und staune, auf einer Höhenlage von 1850 m! – Kenias einziger **Wein** gekeltert.

Schließlich ist der See berühmt für die unzähligen Vogelarten, die hier zu Hause sind – Seeadler, Enten, Ibisse, Graureiher –, und im Wasser tummelt sich heute manche Fischspezies, die – nur zu Sportfischerzwecken ausgesetzt – der Ökologie dieses Naturraumes nicht unbedingt zuträglich ist. Wasservögel, Gazellen, Wasserböcke, ja sogar Pythonschlangen lassen sich auf **Crescent Island** vor dem Ostufer entdecken. Bootstouren zur sichelförmigen Insel werden vom *Lake Naivasha Country Club* angeboten, der – wie auch die folgenden Sehenswürdigkeiten – über die Ringstraße zu erreichen ist, welche den gesamten See umrundet.

Im **Fisherman's Camp** im Südwesten des Sees kann man Ruderboote mieten und – freilich in gebührendem Abstand! – Flusspferde beobachten. Ebenfalls am Südufer, gegenüber der Geothermal Power Station Olkaria, lohnt ein Abstecher zum **Elsamere Conservation Centre**, dessen kleines *Museum* (tgl. 15– 18 Uhr) die Erinnerung an die Malerin und Tierliebhaberin *Joy Adamson* und ihren Mann George wach zu halten sucht. Joy Adamsons Bücher ›Born Free‹ und ›Living Free‹, ihre Tierfilme sowie ihre Freundschaft zur *Löwin Elsa* machten sie weltberühmt. Beide Adamsons fielen in Kenia Attentaten zum Opfer [vgl. auch S. 110]. Der Eintrittspreis des Museums schließt einen Nachmittagstee und eine Filmvorführung ein.

Nahebei liegt der **Hell's Gate National Park** (tgl. 6–18 Uhr) mit einer Fläche von 68 km^2. In der tierreichen Schlucht des

Rift Valley im Kleinformat – der Hell's Gate National Park am Naivasha wartet mit spektakulären Steilwänden, gezackten Felsen und einer Vielzahl von Wildtieren auf

Matatus – zum Bersten voll

Oben an der Windschutzscheibe prangen ihre Namen, ihre Losungen: ›Schwarzenegger‹, ›Juventus‹, ›F. C. Bayern‹ oder auch ›Du wirst sterben wie der Rest‹ und ›Inshallah‹.

Matatus sind das typische **öffentliche Verkehrsmittel** in Kenia, für Langstrecken, vor allem aber für Distanzen in entfernte Vororte der Städte, die kein Bus bedient. Meist sind es **Kleinbusse** japanischer Fabrikate, hoffnungslos überbesetzt und nicht selten in schrottreifem Zustand. Matatu rührt wahrscheinlich vom Swahili-Wort ›**tatu**‹ für ›**drei**‹ her, früher kostete jede Matatu-Fahrt drei kleine Münzen. Allerdings: Matatu bedeutet in Swahili auch ›**Problem**‹, und angesichts des bedauernswerten Äußeren mancher Matatus könnte die Bezeichnung auch andere Ursachen haben ...

Gleichwohl: Bewegt man sich auf eigene Faust in Kenia oder möchte man eine Innenstadt **schnell und billig** durchqueren, kommt man um dieses Fortbewegungsmittel kaum herum. Einmal in den vollbesetzten Wagen gequetscht, könnte die röhrende Stereoanlage auch glauben machen, man befinde sich in einer mobilen Disco.

Warnung: Matatu-Fahrten zählen nicht zu den sichersten Reisemöglichkeiten in Kenia, Legion sind die **Karambolagen** auf den Highways von Nairobi in Richtung Mombasa, Naivasha oder Nakuru. Die Fahrer stehen häufig unter dem enormen Druck der Fahrzeugeigner, Stunde um Stunde bedienen sie lange und kurze Strecken, koste es, was es wolle. Möge der Traum vom eigenen Matatu nicht den nächsten Crash hervorrufen.

›Höllentors‹ beeindrucken schroffe und bizarre Gesteinsformationen. Wohl eine der schönsten ist gleich am Parkeingang die gezackte Felsnadel *Fischer's Tower*, benannt nach dem deutschen Forscher Gustav Fischer, der 1883 die Gegend durchstreifte. Von vulkanischer Aktivität zeugen die natürlichen Dampfquellen, die das geothermische Kraftwerk von Olkaria nutzt, um einen Teil des kenianischen Energiebedarfs sicherzustellen. Hell's Gate ist übrigens einer der wenigen Nationalparks, in dem man sich zu Fuß bewegen darf.

Wer Lust hat, einen richtigen, wenn auch ›schlafenden‹ Vulkan kennen zu lernen, der kann den **Mount Longonot** unter seine Füße nehmen. Mit einer Höhe von 2777 m steigt er südöstlich des Lake Naivasha vom Talboden auf. Zuletzt brach er vor gut 100 Jahren aus. Vom Parkplatz am Eingang zum **Mount Longonot National Park** (25 km südlich von Naivasha beim Ort Longonot, tgl. 8–16.30 Uhr) benötigt man etwa 1 Std. für den steilen Aufstieg zum Kraterrand, die Umrundung des vulkanischen Kegels nimmt dann weitere 3 Std. in Anspruch. Wunderbare Aussichten sind jedenfalls garantiert.

i Praktische Hinweise

Information

Hell's Gate National Park, P. O. Box 234, Naivasha, Tel. 050/202 84, Fax 050/205 77, www.kws.org

Ein guter Tropfen – in Naivasha wird Kenias einziger Wein gekeltert

Unterkünfte

****Lake Naivasha Country Club**, South Lake Road, Naivasha, Tel. (Nairobi) 020/273 71 33. Ursprünglich die Durchgangsstation für Imperial Airways auf dem Weg von Südafrika nach London, heute eine luxuriöse Herberge mit auffallendem Kolonialambiente unter Schirmakazien, Pool.

Fish Eagle Inn, P. O. Box 1554, Naivasha, Tel. 050/303 06, Fax 050/211 58. 20 km außerhalb des Ortes inmitten eines Akazienhaines am Seeufer gelegen.

Lake Naivasha Simba Lodge, Naivasha, Tel. 050/503 05, Fax 050/503 08. Neue Anlage mit prächtigen Ausblicken auf den See – von allen 70 Zimmern aus.

23 Lake Elmenteita

Flamingoschwärme und ein Rendezvous mit unserer fernsten Vergangenheit.

Folgt man der A 104 von Naivasha aus weiter in Richtung Norden, vom Mau Escarpment im Westen und der grandiosen Berglandschaft der Aberdares im Osten begleitet, taucht linker Hand alsbald der kleine, stark sodahaltige Lake Elmenteita auf. An dem von reichlich rauer vulkanischer Landschaft umgebenen See lassen sich neben vielen anderen Vogelarten häufig auch große **Flamingoschwärme** nieder. Lake Elmenteita ist kein Nationalpark, sodass theoretisch eine Begehung des Seeufers zu Fuß möglich ist, doch zahlreiche Einzäunungen von Privatbesitz – es handelt sich um Eigentum der Nachfahren des einflussreichen Siedlers Lord Delamere – machen diesem Vergnügen schnell ein Ende.

›Gesundheitspolizist‹ am Lake Nakuru – der Marabu ist ein Aasfresser

Lord Tom Delamere (1870–1931) hatte als begeisterter Großwildjäger seinen Weg über Somalia nach Kenia gefunden, das ihn zeitlebens nicht mehr losließ. Mit seinen Verbindungen in London trieb er die systematische Besiedlung der klimatisch gemäßigten Highlands durch seine Landsleute voran – auf Kosten der dort ansässigen Kikuyus. Der trinkfreudige Lord verstand es auch, Inder, die im Verlauf des Uganda-Eisenbahnbaus ins Land gekommen waren, von den Highlands fernzuhalten.

Kurz bevor die A 104 den See erreicht, weisen Schilder nach rechts zur ehem. Ausgrabungsstätte von **Kariandusi**. Hier stieß Louis Leakey in den 1920er-Jahren auf Steinwerkzeuge, deren Benutzer vor bald einer halben Million Jahren dort gelebt haben. Neben den Ausgrabungsplätzen informiert ein kleines **Museum** (tgl. 8–18 Uhr) über die Bedeutung des Ortes.

i Praktische Hinweise

Lake Elmenteita sollte von Standquartieren in Naivasha bzw. Nakuru aus besucht werden.

Unterkunft

***Lake Elmenteita Lodge**, Lake Elmenteita, Tel. (Nairobi) 020/21 24 05, Fax 020/22 70 62. 1916. Auf dem Gelände der Farm des Briten Lord Galbraith Cole errichtet, mit Pool und schöner Terrasse in prächtigen Gärten. Das zugehörige Restaurant genießt einen guten Ruf.

24 Nakuru und Lake Nakuru

Zauberhafte Sonnenaufgänge am See und prächtige Ausblicke vom Vulkan.

TOP TIPP

›Staubiger Ort‹ bedeutet das Massai-Wort ›Nakuru‹. Und in der Tat: Fällt der knapp 200 km^2 große **Lake Nakuru** wieder einmal trocken, wie bereits mehrfach in den 1990er-Jahren geschehen, weht der Staub durch die Straßen des Verwaltungszentrums **Nakuru** – mit ca. 150 000 Einwohnern die viertgrößte Stadt des Landes. Eingezwängt

In die Ferne schweifen – grandios ist der Ausblick von einem der Lookouts des Lake Nakuru National Park, denen stets der See zu Füßen liegt

zwischen dem imposanten Menengai-Vulkan im Norden und dem flachen Nakuru-See im Süden, hat sie dem Touristen außer einem quirligen Markttreiben nicht allzu viel zu bieten. Gleichwohl eignet sie sich als Ausgangspunkt für die Erkundung des **Lake Nakuru National Park** (tgl. 7–19 Uhr), des ersten, 1961 gegründeten und ausschließlich dem Vogelschutz gewidmeten Reservats in ganz Afrika.

Mit seinen traumhaften Sonnenaufgängen und den gewaltigen Flamingobeständen mit zeitweilig 2 Mio. Exemplaren verkörperte das Seegebiet in der Vergangenheit ein Stück vom ›echten Afrika‹ – so, wie zivilisationsmüde Europäer sich den Kontinent am liebsten vorstellten. Heute ist der See, wenn er überhaupt Wasser enthält und nicht eine silbrig glänzende Salzfläche bildet, zwar noch immer ein weltberühmtes **Vogelparadies**, doch kann es auch vorkommen, dass sich die schlanken Flamingos an andere wasserführende Seen des Rift Valley verzogen haben und der Lake Nakuru ohne Flamingos daliegt.

Die ständig zunehmende Besiedlung der Region Nakuru – ca. 1 Mio. Menschen lebt inzwischen hier –, die Wasserentnahme zur Feldbewässerung sowie vor allem die Abwasserentsorgung der Industriebetriebe Nakurus in den See haben zu schweren ökologischen Schäden geführt. Zwar haben insbesondere die Betriebe inzwischen mit Klärmaßnahmen auf die Bedrohung des natürlichen Juwels vor ihrer Haustüre reagiert, doch gilt die Zukunft des Sees unter Experten nach wie vor als unsicher.

Trotz dieser Einschränkungen ist der gesamte Nationalpark noch immer eine äußerst sehenswerte Naturerscheinung, nicht zuletzt wegen seiner üppigen Fauna, die neben zahlreichen Vogelarten auch die seltenen **Spitzmaulnashörner** sowie Rothschild-Giraffen, Leoparden und Löwen umfasst. Einen schönen Blick über die Seelandschaft gewährt die den Lake Nakuru umrundende Piste bei den Baboon Rocks am Westufer.

Hyrax Hill und Menengai

Archäologisch Interessierte kommen 2 km östlich Nakurus – und unweit der Fernstraße A 104 – in der Ausgrabungsstätte **Hyrax Hill Prehistoric Site** (tgl. 9.30–18 Uhr) auf ihre Kosten. Der Name dieses Hügelgeländes ist von den murmeltierähnlichen Klippschliefern abgeleitet, die früher hier heimisch waren. Forschungen, die *Mary Leakey* in den 1930er-Jahren begann und die mit Unterbrechungen bis in die 1980er-Jahre andauerten, zeigen, dass diese Gegend seit ca. 3000 Jahren bewohnt wurde. Älteste Bodenfunde weisen ins Neolithikum, eine indische Münze sowie Keramik- und Skelettreste deuten auf eine Besiedlung bis vor etwa 300 Jahren. Auf dem Gelände lassen sich ausgegrabene, inzwischen aber wieder überwucherte Einfriedungsreste erkennen. Ein kleines *Museum* präsentiert wichtige Funde, darunter Schmuck, Werkzeuge, Töpferwaren.

TOP TIPP Ein Erlebnis ganz anderer Art bietet der **Menengai Crater** nördlich der Stadt. Ob man mit dem Auto hinauf bis zum Kraterrand fährt oder sich diesen in einem steilen, eindrucksvollen und mehrstündigen Aufstieg erkämpft, als Lohn der Mühe winkt ein herrlicher *Rundblick*, einerseits auf Stadt und See Nakuru, andererseits auch nordwärts bis hin zum Lake Bogoria. Einst diente der Krater, der vom 2280 m hoch gelegenen Rand ca. 500 m tief abfällt, den Massai als besondere Hinrichtungsstätte: Unterlag im Streit eine Gruppe, wurden die Geschlagenen über den Kraterrand getrieben. Nachts sollen die Stimmen der Unglücklichen noch zu hören sein …

i Praktische Hinweise

Information

Lake Nakuru National Park, P. O. Box 539, Nakuru, Tel. 051/221 71 51, www.kws.org

Unterkunft

***Sarova Lion Hill Lodge**, Tel. 051/85 02 35, Fax 051/852 12, www.sarovahotels.com. 64 komfortable Chalets mit Veranda, Anlage mit Pool, Bar, Restaurant.

25 Lake Bogoria und Lake Baringo

Brodelnde Geysire inmitten einer herrlichen Vogelwelt.

Abseits der Touristenströme erreicht man auf der gut ausgebauten Fernstraße B 4 ca. 110 km nördlich von Nakuru das TOP TIPP **Lake Bogoria National Reserve**. Dieser flache, ca. 30 km^2 große Sodasee hat dem berühmten Lake Nakuru weiter südlich hinsichtlich der vorhandenen Flamingopopulationen den Rang abgelaufen – zumindest in den Zeiten, da der Nakuru-See trocken liegt. Dann erscheinen der Bogoria-See und seine Ufer zeitweise rosa gefärbt. Außer für seine herrlichen *Flamingoschwärme* ist der Lake Bogoria bekannt für seine brodelnden *heißen Quellen* und zischenden *Geysire*, die kochendes, schwefelhaltiges Wasser in die Luft hinausschleudern. Dieses spektakuläre Naturschauspiel lässt sich am Westufer des Sees verfolgen, am Ostufer erheben sich die Berge der imposanten *Aberdare Ranges*.

Noch weiter abgelegen im Norden ist der **Lake Baringo**, ca. 150 km von Nakuru entfernt. Im Gegensatz zum Sodasee Bogoria ist der schilfumstandene Baringo ein Frischwasser-Biotop, das von mehreren Zuflüssen der Umgebung gespeist wird und daher seine braun-rötliche Färbung erhält. Obwohl angeblich die örtlichen Krokodile kein Interesse an Men-

Kraftwerk am Lake Bogoria – zischende Geysire und heiße Quellen zeugen von den vulkanischen Aktivitäten unter der Erdoberfläche des Rift Valley

Verschnaufpause beim Fischfang – aus dem je nach Wetterlage rotbraun bis ockerfarben schimmernden Süßwasser des Lake Baringo wird vor allem der Tilapia gefischt

schenfleisch haben und Wassersport deshalb möglich sein soll, kommen Besucher nicht zum Baden hierher. Neben den Riesenechsen leben auch **Flusspferde** am See, vor denen man sich in Acht nehmen sollte. Einmal gestört und in Rage gebracht, sind diese schwerfälligen Zeitgenossen zu erstaunlichen Laufleistungen fähig. Lake Baringo zieht in erster Linie Ornithologen an, denn hier gibt es sage und schreibe **450 Vogelarten**, darunter einige außerordentlich seltene.

Ausgangspunkt für die meisten Aktivitäten am See ist der *Lake Baringo Club* am Westufer, nahe der Straße B 4. Man kann hier logieren, ist aber auch als Tagesbesucher willkommen. Von diesem Klub aus wie auch vom nahe gelegenen *Robert's Camp* starten Boots-Exkursionen zu Inseln im See.

i Praktische Hinweise

Hotels

Lake Baringo Club, Tel. (Nairobi) 020/53 54 12, Fax 020/54 59 54. Kleines, gemütliches Anwesen in spanischem Stil, umgeben von üppigen Gärten

Lake Bogoria Hotel, Menengai West, Nakuru, Tel. 051/221 64 41, Fax 051/221 68 67,www.bogoriasparesort.com. Moderne Anlage unter herrlichen Akazienbäumen, nur 5 Min. Fahrt zum Seeufer. Bar und Pool.

Erfrischend – Pool des Lake Baringo Clubs

Im zentralen Hochland – Wasserfälle und Ananas am Fuße des eisbedeckten Mount Kenya

Einst Heimat der stolzen **Kikuyu**, dann bevorzugtes Siedlungsgebiet der Weißen, bieten die fruchtbaren Regionen zwischen der Aberdare Range und dem zweithöchsten Gipfel Afrikas, dem Mount Kenya (5199 m), eine abwechslungsreiche Landschaft mit einem angenehm gemäßigten Klima. Hier gedeiht der hochwertige **Kenia-Kaffee** und in riesigen Plantagen werden **Ananas** gezogen, deren Produktion großteils internationale Zitrusfruchtkonzerne kontrollieren.

70 km lang bildet die imposante Bergkette der **Aberdares** den Ostrand des Rift Valley. Mit ihren dichten Wäldern, Wasserfällen, Hochmooren und Riesenlobelien repräsentieren sie zweifellos ein eher untypisches Stück kenianischer Natur. Das dschungelartige Dickicht bot während der Mau-Mau-Aufstände zu Beginn der 1950er-Jahre führenden Guerillakämpfern Unterschlupf. Heutige Besucher finden nobel-rustikale Lodges in den Tälern vor, von denen aus Elefanten an Wasserstellen – unmittelbar an die komfortablen Anlagen grenzend – zu beobachten sind. Und Angelfreunde werden an den sprudelnden Bächen und gischtenden Wasserkaskaden ihre Freude haben. Einer der malerischsten Wasserfälle Kenias stürzt bei **Nyahururu** in die Tiefe.

Alpinisten wählen vorzugsweise den Ort **Nanyuki** als Startpunkt für Exkursionen in das Gebiet des **Mount Kenya**. Der stets schneebedeckte Berg, in der Kikuyu-Mythologie zum ›Sitz der Götter‹ erhoben, stellt für Kletterer eine besondere Herausforderung dar. Für Nicht-Alpinisten ist die vielfältige Vegetation rund um den erloschenen Vulkan faszinierend, je nach Höhenlage kann das interessante Pflanzenkleid des Mount Kenya geradezu lehrbuchmäßig studiert werden. Und **Isiolo**? Es ist das Tor zum unerschlossenen Norden Kenias, einer der letzten Außenposten der Zivilisation vor dem Land der Vulkane und Wüsten, zugleich ein Marktzentrum für die farbenfroh gekleideten Angehörigen der Rendille und Samburu.

26 Nyahururu

Prachtvolle Blicke auf die Aberdares und grandios stürzende Wasser.

Mit 2360 m ist dieser Flecken einer der höchstgelegenen Orte Kenias überhaupt. Bedingt durch seine Lage ist das Klima kühl und belebend.

Nyahururu ist eines der letzten in der Kolonialzeit von Weißen gegründeten Städtchen, es entstand 1929 während des Baus der Eisenbahnlinie von Nairobi nach Kisumu. Rund 200 km nordwestlich von der Hauptstadt entfernt, ist insbesondere die **Anfahrt** aus dem Rift Valley von Nakuru her beeindruckend. Sie führt zunächst durch landwirtschaftlich intensiv genutzte Gegenden und anschließend über die sich aufwärts windende Straße B5, die immer wieder hinreißende Blicke auf den riesigen Grabenbruch freigibt.

›T-Falls‹ wird der Ort wegen der benachbarten **Thomson's Falls** im Lande üblicherweise genannt – und da Nyahururu selbst nicht allzu viel zu bieten hat, ist ein Besuch der 72 m tosend in die Tiefe

◁ *Schnee am Äquator – Mount Kenya bietet seinen Besteigern reizvolle Vegetationsformen und attraktive Touren*

schießenden Wasser angesagt. Der Wasserfall erhielt seinen Namen nach dem englischen Naturforscher *Joseph Thomson*, der als erster Europäer in den frühen 1880er-Jahren bei seinem Fußmarsch von Mombasa zum Lake Victoria die Fälle ›entdeckte‹. Wohl gibt es in Kenia noch eindrucksvollere als diese, doch die ›T-Falls‹ sind besonders leicht erreichbar. Das angrenzende Waldgebiet eignet sich besonders gut zum Wandern, leider beeinträchtigen mitunter Souvenirläden das Landschaftsbild.

27 Nyeri und Aberdare National Park

Weltberühmte Baumhotels laden zur Wildbeobachtung direkt vor der Haustüre.

Inmitten ausgedehnter Zuckerrohrfelder und weiter Plantagen von Ananas, Bananen, Nüssen, Kaffee und Tee liegt rund 140 km nördlich Nairobis das lebhafte Verwaltungs- und Landwirtschaftszentrum **Nyeri**, das mit knapp 60 000 Einwohnern zugleich einer der größten Orte im zentralen Hochland ist. An klaren Ta-

Oben: *Schäumend stürzen bei Nyahururu die Thomson's Falls zu Tal*
Unten: *Im Aberdare National Park – Berglandschaft mit Hochmooren*

Zuständig für alle Pannen des Lebens – Medizinmann der Kikuyu

Die Kikuyu – Ackerbauern und Kämpfer

Kirinyaga – das ist der heilige Berg der Kikuyu. Heute bekannt unter dem Namen **Mount Kenya**, ist er für das größte kenianische Volk (rund 5 Mio.) immer noch der Göttersitz und Ausgangspunkt eines Kikuyu-Schöpfungsmythos.

Tatsächlich jedoch wanderten die Vorfahren der heutigen Kikuyu als Angehörige einer **Bantu-Sprachgruppe** wohl zwischem dem 14. und 16. Jh. aus Zentral- und Westafrika in das heutige Kenia ein, wo sie ihren Siedlungsschwerpunkt auf den **Highlands** nördlich von Nairobi haben. Als **Ackerbauern** rodeten die Kikuyu die Wälder und machten das Land urbar. Da ihre Dörfer und Felder beim Eintreffen der ersten weißen Kolonisten an der Wende vom 19. zum 20. Jh. in den für die Europäer klimatisch günstigen Regionen lagen, hatten sie zunächst wie kein anderes Volk Kenias unter der Landnahme durch die Briten zu leiden. Kein Wunder, dass von ihnen auch der härteste Widerstand gegen die britische Kolonialmacht ausging und sie als **Mau-Mau-Kämpfer** am meisten zur Unabhängigkeit des Landes beigetragen haben.

Immer noch ist für die Kikuyu der **Stammesverband** die entscheidende soziale Bezugsgröße und darin wiederum bildet die Familie einen festen Ordnungsrahmen. **Jomo Kenyatta**, erster Präsident des freien Kenia und selbst Kikuyu, hat als studierter Anthropologe in seinem Buch ›**Facing Mount Kenya**‹ darauf hingewiesen, dass bei seinem Volk das einzelne Individuum ohne Bedeutung ist, dass der Kikuyu seinen Stellenwert in der Gemeinschaft erst durch das Zusammenwirken mit seinen Verwandten gewinnt.

gen – vor allem frühmorgens – kann man hier in der Ferne die Eiskappe des *Mount Kenya* erspähen. Die Stadt bietet quirliges *Markttreiben*, dazu gibt es Banken, Hotels, Restaurants und zahlreiche Geschäfte. In erster Linie aber ist Nyeri ein beliebter Ausgangspunkt für Ausflüge in den nahen *Aberdare National Park*.

Eine ganz besondere Attraktion besitzt die Stadt mit dem berühmten **Outspan Hotel**, etwa 1 km außerhalb des Zentrums. Wer jemals durch seine wunderschönen *Gartenanlagen* geschlendert ist und dabei das herrliche Panorama des Mount Kenya mit den Augen aufgesogen hat, wird diese Eindrücke niemals vergessen. Das Outspan besitzt noch die Atmosphäre eines typisch englischen Kolonialhotels und ist auf ganz spezielle Weise mit Großbritannien verbunden: In einem Cottage auf dem heutigen Hotelgelände lebte von 1908 bis zu seinem Tod *Lord Baden Powell* (1857–1941), der Begründer der internationalen Pfadfinderbewegung. Sein ehem. Wohnhaus ist nun **Museum** (8–18 Uhr) und wird von Pfadfindergruppen aus aller Welt besucht.

Sprungbrett in die Aberdares

Das Outspan ist auch der obligatorische Treffpunkt für Gäste der **Treetops-Lodge**, die bereits zum Aberdare National Park gehört. Treetops-Gäste nehmen üblicherweise im Outspan ihren Lunch ein und lassen sich dann in Treetops-eigenen Bussen zur Lodge bringen. Die Anfahrt im eigenen Fahrzeug ist nicht erlaubt. Treetops war, wie der Name andeutet, ein auf Pfählen errichtetes ›Hotel in den Bäumen‹ und ist eines der berühmtesten Gästehäuser des Landes.

Wiederholt abgebrannt und wieder aufgebaut, beherbergte es vor allem in der Vergangenheit Prominenz aus aller Welt, die, ohne auf üppigen Komfort verzichten zu müssen, anreiste, um die Tierwelt der Aberdares an den nahen *Salzlecken* zu bewundern. Die britische Kronprinzessin Elizabeth erhielt hier 1952 die Nachricht vom Tode ihres Vaters, George VI., sodass sie quasi noch im Treetops zur britischen Königin wurde.

Ein weiteres, vielleicht noch interessanteres Hotel im Nationalpark ist **The**

Ark (die Arche) – für Kost und Logis muss man hier allerdings etwas tiefer in die Tasche greifen als im Treetops. Gebaut aus Holz in der Form der Arche Noah (wie man sie sich üblicherweise vorstellt), steht es auf Stelzen an einer großen Wasserstelle mitten im dichten Wald. Von Aussichtsplattformen aus lassen sich Antilopen, Büffel und Elefanten beobachten. Fast auf Tuchfühlung mit den Tieren gelangt man in einem unterirdisch konstruierten Beobachtungsstand an einer Salzlecke. Ähnlich wie im Falle des Treetops ist die eigene Anfahrt zur Ark nicht möglich. Treffpunkt für Gäste der Ark ist der **Aberdare Country Club** bei dem Dorf Mweiga, wenige Kilometer nördlich von Nyeri.

TOP TIPP Der **Aberdare National Park** gehört zu den landschaftlich abwechslungsreichsten Schutzgebieten Ostafrikas, zugleich sicherlich zu den eher untypischen. Hier wartet keine weite Savanne auf den Besucher, stattdessen beherrschen dichte, feuchte Wälder, die von oftmals nebligen Hochmooren durchsetzt sind, die Szenerie. Regen gibt es in dieser Region, die größtenteils über 3000 m hoch liegt, zu allen Jahreszeiten reichlich, was ein vierradgetriebenes Fahrzeug unerlässlich macht. Ob es am Wetter liegt, dass die Aberdares relativ wenig von Touristen aufgesucht werden? Dabei bietet dieser Park doch eine außergewöhnliche **Tiervielfalt**, die am besten an den Wasserstellen zu entdecken ist: Elefanten, Büffel und Riesenwaldschweine zählen ebenso dazu wie herrlich bunte Vögel, darunter Rackenarten, Eis- und Nashornvögel. Auch **Pflanzenfreunde** kommen hier auf ihre Kosten: Bambuswälder wachsen bis auf 3000 m Höhe hinauf und blühende Heidelandschaften lassen vergessen, dass man sich in Afrika befindet. Darüber hinaus findet man in den Aberdares auch in romantischen Schluchten einige der spektakulärsten **Wasserfälle** Kenias, etwa die Chania Falls. Die Gura Falls stürzen rund 300 m in die Tiefe.

i Praktische Hinweise

Information

Aberdare National Park, P. O. Box 753, Nyeri, Tel. 061/550 24

Kenya Wildlife Service, P. O. Box 40241, Nairobi, Tel. 020/60 08 00, www.kws.org

Hotels

TOP TIPP ****__The Ark__, Aberdare National Park, Buchungen unter Tel. (Nairobi) 020/25 09 00, Fax 020/25 02 00, www.lonrhohotels.com. Inmitten des Nationalparks gelegene ›Arche‹ ganz aus Holz, auf Wunsch nachts Weckruf im Zimmer beim Auftauchen bestimmter Tiere an der ›hauseigenen‹ Wasserstelle. Vom Restaurant aus lassen sich Elefanten an der Tränke beobachten. Wird gar ein Leopard im nahen Dickicht entdeckt, stürzt alles ans Fenster und vergisst Steaks und Drinks.

Tosende Wasserfälle sind touristische Attraktionen im Aberdare National Park – mit einer Höhe von 25 m gehören die Chania Falls zu den großen Kaskaden des Landes

Mau-Mau

Als blutige Antwort auf jahrzehntelange Unterdrückung und fortgesetzten Landraub formierte sich nach dem Zweiten Weltkrieg in verstärktem Maße der **Widerstand** der Afrikaner gegen die britischen Siedler. Organisiert in **Geheimbünden**, die ihre Mitglieder per Eid verpflichtet hatten, die verhassten Weißen aus dem Lande zu treiben, brach der **Aufstand** 1952 offen aus, nachdem London über Kenia den Ausnahmezustand verhängt hatte. Mau-Mau – so benannt nach dem **Muma**, einem traditionellen Kikuyu-Eid – wurde die berühmteste dieser **Guerilla-Gruppen**, getragen überwiegend von den **Kikuyu**. Die Briten richteten abgeriegelte ›Schutzdörfer‹ für die Afrikaner ein, zum Schutz der Menschen vor Übergriffen und um den Nachwuchs für die Mau-Mau-Bewegung abzuschneiden. Weit über 13 000 Kenianer verloren während der Rebellion ihr Leben, von denen die allermeisten Afrikaner waren. Von den Briten wurden etwas mehr als 100 getötet. Zwar gelang es London im Jahr 1956, den Aufstand niederzuringen, doch die Entwicklung ließ sich nicht mehr aufhalten: Sieben Jahre später erlangte Kenia ›**Uhuru**‹, die Freiheit und Unabhängigkeit. Unter der Losung ›**Harambee**‹ – ›alle ziehen an einem Strang‹ – begann Präsident **Kenyatta** mit der schwierigen Aufgabe, aus dem Vielvölkerstaat eine geeinte Nation zu formen.

******The Outspan**, Nyeri, Tel. (Nairobi), 020/445 20 95, Fax 020/445 21 02. Stilvolles Hotel eingerahmt vom Chania River mit Blick (bei gutem Wetter) auf den Mount Kenya. Pool und Tennisanlage. Frühstück und Lunch im Restaurant sind nicht billig, aber ihren Preis wert.

TOP TIPP ******The Aberdare Country Club**, Mweiga, Buchungen unter Tel. (Nairobi) 020/25 09 00, Fax 020/25 02 00, www.lonrhohotels.com. Anlage auf dem Anwesen einer ehem. Farm mit Cottages, herrlichem Garten, Panoramablick auf die Aberdares, Pool und eigenem Wildschutzgebiet. Das stilvoll eingerichtete Restaurant wartet mittags mit einem opulenten Buffet auf.

*****Treetops**, Aberdare National Park, Buchungen unter Tel. (Nairobi) 020/445 20 95, Fax 020/445 21 02. Auf Stelzen und überwiegend aus Holz erbautes Hotel über einer Salzlecke mit hervorragenden Möglichkeiten zur Tierbeobachtung – Elefantenbetrachtung bei Kaffee und Tee. Betörende Mount-Kenya-Aussicht.

28 Nanyuki

Kolonialambiente an den Hängen des Mount Kenya.

Etwa 210 km nördlich von Nairobi an der Ringstraße gelegen, die den Mount Kenya umschließt, ist dieses muntere Städtchen ein geeigneter Ort für Ausflüge in das Gebiet im Nordwesten des größten kenianischen Berges.

Nanyuki grenzt haarscharf an den **Äquator**, der nur wenige Kilometer nördlich verläuft – der Reisende bemerkt den Übergang von einer Hemisphäre in die andere spätestens dann, wenn er mit Dutzenden Souvenirläden konfrontiert wird. Der Ort selbst hat sich den Charme einer beschaulichen kleinen *Kolonialstadt* bewahren können. Dazu tragen nicht zuletzt die britisch geprägten **Settler's Stores** bei, gemütlich wirkende Geschäfte, die heute auch gern von bri-

Am Äquator – der größte Breitenkreis der Erdkugel verläuft nahe der Stadt Nanyuki

Gipfelglück am Mount Kenya – hochalpin ist die Szenerie und weit reichend der Fernblick von Kenias höchstem Berg ▷

tischen Air-Force-Angehörigen aufgesucht werden. Sie haben in der Gegend regelmäßig Trainingseinheiten zu absolvieren. Nanyukis **Markt** befindet sich an der Ausfallstraße nach Nyahururu, noch weiter stadtauswärts gelangt man zu einer kleinen Spinnerei, wo Frauen gewebte Handarbeiten verkaufen.

Mit dem *Sirimon-Weg* bietet die Stadt zudem eine landschaftlich ungemein reizvolle **Wandertour** in das Gebirgsmassiv des Mount Kenya. Die Route über die nördlichen und damit trockenen und bewaldeten Höhen ist allerdings recht steil, man muss dafür 5 Tage veranschlagen.

Im Osten, an den Hängen des Bergriesen, haben Besitzer gut gefüllter Geldbörsen schließlich die Gelegenheit, in Kenias wohl bekanntestem Hotel zu logieren. Die einst vom Hollywoodstar William Holden gegründete **Mount Kenya Safari Lodge** hat schon so manchem VIP Obdach gewährt – exklusiv, luxuriös, traumhaft gelegen. Seit 1962 ist sie auch für Normalverdiener zugänglich.

i Praktische Hinweise

Hotels

TOP TIPP *****Mount Kenya Safari Club**, Nanyuki, Buchungen unter Tel. (Nairobi) 020/25 09 00, Fax 020/25 02 00, www.lonrhohotels.com. Ostafrikas erste Hoteladresse – Pool, Tennis Golf, sind selbstverständlich, dazu noch Flugsafaris. Auch geeignet für einen gepflegten Lunch unterwegs, wenn man nicht gerade in kurzen Hosen erscheint.

****Ol Pejeta Ranch House**, Nanyuki, Buchungen unter Tel. (Nairobi) 020/25 09 00, Fax 020/25 02 00, www.lonrhohotels.com. Großzügig gestaltetes, ehem. Farmhaus auf dem Gelände des Sweetwaters Wildschutzgebietes. Ursprünglich Besitz des legendären Siedlers Lord Tom Delamere, später Adnan Kashoggis.

***Sweetwaters Tented Camp**, Nanyuki, Tel. 062/319 70, Fax 062/319 65. Luxuriös ausgestattete Zelte, um die Wasserstelle eines privaten Wildschutzgebietes herum gruppiert. Blick auf den schneebedeckten Mount Kenya. Kamelsafaris, Swimmingpool.

29 Mount Kenya National Park

TOP TIPP *Bergsteigerglück, Botanikerlebnis und eine vielfältige Tierwelt.*

Für die Kikuyu ist er der Sitz der Götter, ein weißer Vulkanriese mit **drei Gipfeln** – der Mount Kenya ist mit 5199 m Kenias allerhöchster und Afrikas zweithöchster Berg. Während *Batian* (5199 m) sowie *Nelion* (5188 m) nur von geübten Kletterern gemeistert werden können, ist die dritte Spitze, der 4985 m hohe *Lenana*, auch von Bergwanderern zu bezwingen. Allerdings erfordert auch er eine gute Kondition, denn die dünne Höhenluft macht den 3–4 Tage in Anspruch nehmenden Aufstieg außerordentlich anstrengend. Immer wieder kommt es am Lenana zu schweren oder sogar tödlichen Unfällen, weil sich die Athleten überschätzt haben und/oder die Ausrüstung nicht stimmte.

Die *Naro Moru River Lodge*, die nahe der Ortschaft **Naro Moru** an der Westseite des Mount Kenya-Massivs liegt, ist der am häufigsten benutzte Startpunkt zum ›Heiligen Berg‹. Die Lodge ist im Übrigen unumgänglich für alle, die in einer der Hütten am Mount Kenya übernachten wollen, da sie das Buchungsmonopol besitzt.

Die tiefer gelegenen Hänge des Mount Kenya werden intensiv als Weide- und Ackerland genutzt, der eigentliche Nationalpark beginnt erst knapp unterhalb der 3000-Meter-Grenze. Bis ca. 2700 m Höhe reicht die Zone der **Bergregenwälder**, in der sich eine vielfältige **Tierwelt** erhalten hat. Antilopenarten kommen ebenso vor wie das Rhinozeros, dazu leben hier Affen, Elefanten, Leoparden und Büffel, vor denen man sich in Acht nehmen sollte. Weiter oberhalb schließt sich die Region des stellenweise bis zu 15 m hoch und dicht stehenden **Bambuswaldes** an, die sich bis in etwa 3000 m Höhe erstreckt. Den Bambusgürtel löst ein Waldgebiet mit krumm gewachsenen Bäumen ab. Manche Exemplare ragen rund 4 m auf und wirken mit ihrem vollen Flechtenbehang reichlich skurril. Auf die schiefen Gesellen folgt eine **Moor-** und **Heidelandschaft** afro-alpinen Zuschnitts mit verblüffenden Riesengewächsen. Hinter mannshohen Lobelien und Kreuzkraut tauchen – schon relativ nah – die imposant gezackten Vulkangipfel auf. Ab 4300 m Höhe gedeihen nur noch *Moose* und *Flechten*, dann geht es über Geröll, nackten Fels und Schneefelder.

Natürlich gehört die Besteigung des Batian oder des Nelion zu den Höhepunkten eines Bergsteigerlebens, doch auch die Erwanderung des Lenana vermittelt unvergessliche Landschaftseindrücke, zu denen herrliche **Rundblicke** und grandiose **Gletscherpanoramen** gehören – vorausgesetzt, das Wetter spielt mit. Es ist das ganze Jahr über unberechenbar, doch will man **Point Lenana** bei einigermaßen klarem Wetter genießen, sollte man ihn ganz frühmorgens zu erreichen versuchen.

Vielfältig ist das Pflanzenkleid des Mount Kenya. Wanderer passieren Bambuswald …

i Praktische Hinweise

Information

Mount Kenya National Park, P. O. Box 69, Naro Moru, Tel. 062/23 83

Kenya Wildlife Service, P. O. Box 40241, Nairobi, Tel. 020/60 08 00, www.kws.org

… und entdecken beeindruckendes Riesenkreuzkraut vor der gezackten Gipfelkulisse

Hotels

*******Mount Kenya Safari Club** [s. S. 106]

****Naro Moru River Lodge**, Naro Moru, Tel. (Nairobi) 020/444 33 57, Fax 020/444 53 09, www.alliancehotels.com. Am Äquator, knapp 2000 m hoch in schönen Gärten am Fluss gelegene Lodge, unter Bergsteigern weithin bekannt als Basislager für Aufstiege zum Mount Kenya. Zimmer mit Vollpension oder einfache Unterkünfte mit Selbstversorgung.

Mountain Rock Lodge, zwischen Naro Moru und Nanyuki , Tel. 062/626 25, Fax 062/620 51, www.mountainrockkenya.com. Gemütliches Haus mit persönlicher Atmosphäre am Fuße des Vulkanriesen.

30 Meru National Park

Ein weithin unberührtes Tierparadies, durchströmt von Flüssen.

Von allen kenianischen Nationalparks weist der Meru – rund 90 km östlich des Mount Kenya, über das Dorf Maua leicht zu erreichen – die größte **landschaftliche Vielfalt** auf. Dichter Wald, Sümpfe und weite Savannen werden von insgesamt 15 Flüssen durchzogen, die alle am Mount Kenya entspringen und zum **Tana River** strömen, dem längsten Fluss des Landes. Knapp südlich des Äquators gelegen, bildet der Tana zugleich die südwestliche Grenze des Nationalparks. Dieses beeindruckende Reservat, das von Touristen gleichwohl wenig besucht wird, ist die Heimat zahlreicher Säugetiere, darunter auch der ›**Big Five**‹. Hier sind die Chancen gut, Geparden und Leoparden im Busch zu sichten, wo sich auch Warzen- und Stachelschweine aufhalten. Nicht leicht zu übersehen sind die Netzgiraffen, Steppenzebras, Elen-Antilopen und Thomsongazellen, in den Flüssen lassen es sich Krokodile und Flusspferde gut gehen. Auch die Vogelwelt ist in vielerlei Arten vertreten. Die Nachbarschaft zum Mount Kenya und die bis auf 2515 m ansteigenden **Nyambeni Hills** sorgen für ausreichende Niederschläge in der Westhälfte des Parks – im Südosten ist es hingegen trocken und oft unerträglich heiß.

Ein Abstecher zum Tana River beansprucht einen ganzen Tag, dabei muss

*Im klassischen Safariland Kenia zu Hause – die ›***Big Five***‹: Leopard und Löwe (oben), Büffel (Mitte), Nashorn und Elefant (unten)* ▷

Dunkler Schatten im Geäst – Sonnenuntergang im Meru National Park, allein der Ruf eines einsamen Affen zerreißt die Stille, die über der unberührten Natur liegt

u. a. ein Höhenunterschied von ca. 400 m zwischen der von Sümpfen gerahmten *Meru Mulika Lodge* im Norden und dem Flussufer überwunden werden. Für die Strapazen der Fahrt entschädigen einmalige Eindrücke ursprünglicher Wildnis.

Im Osten und Süden schließen die Reservate von **Bisanadi** und **North Kitui** – diese beiden unmittelbar – sowie **Rahole** und **Kora** an den Meru Nationalpark an und schaffen dem Wild scheinbar optimale Refugien, sind doch diese Areale Touristen so gut wie nicht zugänglich. Doch die Idylle trügt: Wilderer schlachteten vor Jahren nicht nur eine aus Südafrika eingeführte Herde Breitmaulnashörner ab, im Kora National Park fiel 1989 auch der Tierforscher *George Adamson* einem Mordanschlag durch Elfenbeinjäger zum Opfer. 9 Jahre zuvor war schon seine Frau *Joy*, berühmt geworden durch ihr Buch ›Born Free‹ und die darin erzählte Geschichte von der Löwin Elsa, im weiter nördlich gelegenen Shaba National Reserve von Wilderern ermordet worden.

i Praktische Hinweise

Information

Meru National Park, P.O. Box 11, Maua, Tel. 064/206 13

Kenya Wildlife Service, P. O. Box 40241, Nairobi, Tel. 020/60 08 00, www.kws.org

Unterkunft

Leopard Rock Lodge, Tel./Fax (Nairobi) 020/60 00 31. Ideal für Tierbeobachtung, nach Wanderungen im Busch bietet ein Swimmingpool Entspannung, ferner sorgen ein kleines Museum sowie eine Bibliothek für Unterhaltung.

31 Isiolo

Das Tor zum wilden Norden!

Als eine Art **Grenzstadt** zu den endlosen Weiten des dünn besiedelten Nordens und Nordostens von Kenia bietet dieses lebhafte, etwa 17 000 Einwohner zählende Städtchen noch einmal Gelegenheit, vollzutanken, Vorräte aufzufrischen und eventuell Bankgeschäfte zu erledigen. Die geteerte Fernstraße A 2 endet hier, gut 320 km nördlich von Nairobi, und geht über in eine staubige, stark gewellte Piste, die selbst kompakten Geländewagen einiges abverlangt. Aus Sicherheitsgründen sollten Fahrten von Isiolo richtung Norden nur im Konvoi und nachdem man sich vor Ort über die aktuelle Situation informiert hat unternommen werden.

Isiolo besitzt nahe der weiß getünchten **Moschee** einen pittoresken **Markt**, auf dem außer Gemüse auch Rinder und

Kamele den Besitzer wechseln. Die Stadt wird vor allem von **Somali** bewohnt, deren Vorfahren hier als Ex-Soldaten des Ersten Weltkriegs angesiedelt worden sind.

Andere kenianische Völker, die in Isiolo zusammentreffen, sind die Turkana, die Samburu und die Vieh züchtenden **Boran**. Verwandt mit den Galla-Völkern Äthiopiens, sind diese mittlerweile meist sesshaft und haben vielfach Sitten und Gebräuche der Somali übernommen, mit denen sie Handel treiben.

Aus der unwirtlichen Felswüste von Kaisut, nördlich bei Marsabit, kommen die nomadisierenden **Rendille** mit ihren Kamelen, die oft hochgebogene Zeltstangen tragen. Die Tiere sind für die Nomaden von größter Bedeutung, denn in der wasserarmen Gegend ist Kamelmilch auch Wasserersatz und Fleisch essen sie vorzugsweise mit Milch und Blut vermischt. Rendille-Frauen werden unmittelbar vor der Ehe beschnitten, ein Ritual, gegen das sich zu Recht immer mehr Widerstand regt.

Praktische Hinweise

Hotel

Bomen Hotel, am östlichen Rand des Zentrums, Tel. 064/201 28. Solides und preiswertes Haus mit einem empfehlenswerten Restaurant.

Oben: *Letzte Einkaufsmöglichkeit vor der Wüstenregion – Bookshop in Isiolo mit Kundschaft*
Unten: *Pause für Wüstenschiffe – Kamele der Rendille haben Zeltstangen am Buckel*

Der Norden – Nomaden, Steinwüsten und das funkelnde Jade-Meer

Wildes Afrika pur: Endlose Bergketten, Vulkane, Geröllfelder und der unwirklich anmutende Lake Turkana schaffen eine Landschaft von bizarrer Schönheit. Über weite Strecken immer noch unzugänglich, mag in dieser kargen Weltgegend die berühmte ›**Wiege der Menschheit**‹ liegen – Knochen- und Fossilienfunde am Turkana-See verweisen auf Frühformen vorzeitlicher Menschen.

Der **Ewaso Ngiro River**, der nördlich von Isiolo die Reservate von *Samburu, Buffalo Springs* und *Shaba* an seinen Lauf bindet, zaubert eine überraschend üppige Fülle grünen Lebens in die ansonsten knochentrockene Landschaft und verwandelt damit diese Schutzgebiete in eine einmalige Enklave des kenianischen Nordens. Netzgiraffen und die seltenen Grevy-Zebras zählen neben Elefanten, Geparden und Leoparden zu den eindrucksvollsten Bewohnern der Reservate. Tierisch geht es auch in **Maralal** zu, die Siedlung ist Austragungsort eines einzigartigen Wettstreits: Alljährlich ermittelt das örtliche *Camel Derby* die besten Kamelreiter weit und breit.

Überraschung im abgelegenen Osten: Im **Marsabit National Reserve** tauchen idyllische Kraterseen inmitten dichter, undurchdringlich wirkender Wälder auf. Und am Jade-Meer, den Ufern des auffallend türkis gefärbten **Lake Turkana**, überwältigt das Bewusstsein, am vermeintlichen Ursprungsort der Menschheit zu stehen. Geschichte und Natur vereint der *Sibiloi National Park* am Nordostufer, unweit der Grenze zu Äthiopien – Kenias entlegenstes Schutzgebiet wird von einer riesigen Kolonie meterlanger Nilkrokodile bevölkert, hier gibt es einen ›versteinerten Wald‹ mit Überresten fossiler Bäume und hier liegt die berühmte Fundstätte Koobi Fora mit den frühesten Spuren unser aller Vorfahren.

In Kenias Norden verirren sich Touristen eher selten. Besucher mit hinreichend **Abenteuerlust**, ausgerüstet mit Allradfahrzeug – aus Sicherheitsgründen sollte man nur im Konvoi fahren – und reichlich Proviant, können sich auf beispiellose Landschaftserlebnisse und nachhaltige Begegnungen mit nomadisierenden Menschen gefasst machen.

32 Samburu, Buffalo Springs und Shaba National Reserves

Riesige Krokodile und majestätische Elefanten an den Ufern des Ewaso Ngiro River.

Dornige Buschlandschaft beherrscht die Szenerie, durchsetzt von Vulkanhügeln,

◁ *Nomaden Kenias – stolz wirken die Samburu in ihren roten Roben* (**oben**)*, einen majestätischen Anblick bietet der Lake Turkana in Kenias Norden* (**unten**)

Ins Maul geschaut – was bei Flusspferden wie Gähnen wirkt, ist oft eine Drohgebärde

Elefantentreff im Samburu National Reserve – den Ewaso-Fluss, Lebensader in knochentrockenem Land, begleiten dichte Galeriewälder und vielfach verzweigte Dumpalmen

während der ständig Wasser führende Ewaso Ngiro River, der das im Norden liegende Samburu Reservat vom südlichen Buffalo Springs Schutzgebiet trennt, von dichten Galeriewäldern gesäumt wird. ›Braun-graues Wasser‹ – so wird das Massai-Wort ›Ewaso Ngiro‹ treffend übersetzt. An seinen Ufern räkeln sich gewaltige Krokodile, im Wasser faulenzende Flusspferde reißen gähnend ihre kolossalen Mäuler auf, vor allem frühmorgens lassen sich auch Elefanten blicken. Unter der heißen Äquatorsonne leben in den **Samburu und Buffalo Springs National Reserves** – von Isiolo nur rund 30 km entfernt – Tiere, die im übrigen Kenia nur selten beobachtet werden können. Dazu gehören *Netzgiraffen*, die merkwürdig langsam staksend vorüberziehen, die *Grevy-Zebras* mit ihren eleganten, sehr feinen Streifen (die schwarzen reichen dabei nicht bis unter den Bauch) und die langhalsigen, feingliedrigen *Giraffengazellen* (Gerenuk), die, mit Hohlkreuz auf den Hinterbeinen stehend, genüsslich Akazienblätter schnabulieren.

Nur Giraffen reichen höher – Gerenuks fressen akrobatisch im Samburu-Reservat

TOP TIPP

An die beiden National Reserves Samburu und Buffalo Springs schließt nach Osten zu nahtlos, lediglich durch die Straße A 2 getrennt, das **Shaba National Reserve** an. Kurz vor der kleinen Ortschaft Archer's Post verlässt eine Piste die A 2 nach rechts und führt zum Natorbe Gate, dem Eingangstor. Im Vergleich zu den beiden anderen Reservaten wird Shaba wenig besucht, indes ähnelt der Tierbestand jenen Schutzgebieten durchaus – auch hier Elefanten, Löwen, Geparden, Büffel ... Der Ewaso Ngiro River bildet die nördliche Begrenzung von Shaba und hat hier imposante *Schluchten* ins Gelände gefressen. Im Shaba Reservat hatte die Löwenspezialistin *Joy Adamson* einige Zeit eine Forschungsstation unterhalten, die berühmte Tierforscherin wurde, wie schon mehrfach erwähnt, hier 1980 von Wilderern erschossen.

i Praktische Hinweise

Information

Kenya Wildlife Service, Nairobi Headquarters, P.O. Box 40241, Nairobi, Tel 020/60 08 00 Fax 020/60 37 92, www.kws.org

Unterkünfte

*****Larsens**, Samburu National Reserve, Tel. (Nairobi) 020/55 95 29, Fax 020/ 65 03 84, www.wildernesslodges.co.ke. Oberhalb des Ewaso Ngiro River im Reservat gelegene, luxuriöse Zeltlodge.

*****Sarova Shaba Lodge**, Shaba Game Reserve, Tel. (Nairobi) 020/71 66 88, Fax 020/71 55 66, www.sarova.co.ke. Am Ewaso gelegene hübsche Chalets mit allem Komfort. Swimmingpool.

Maralal International Camel Derby

Ob Amateur, Halbprofi oder professioneller **Kamelreiter** – wer Interesse und Spaß an einem außerordentlichen Wettstreit hat und die weite Anreise in den Norden Kenias nicht scheut, wird in der Einsamkeit von Maralal mit einem besonderen Spektakel belohnt: Seit 1990 findet hier alljährlich **Anfang August** das international besetzte Camel Derby statt, zu dem Kamelreiter und solche, die sich dafür halten mögen, **aus aller Welt** anreisen. Vor allem Kenianer, aber auch Amerikaner, Japaner, Europäer und die im Umgang mit Kamelen wohl besonders versierten Araber kommen dann nach Maralal, um am Kamel-Wettrennen teilzunehmen und das **Preisgeld** von mehr als 5000 US-Dollar zu erstreiten.

Das Startgeld – es beträgt rund 50 US-Dollar in der Amateurklasse – wird gesammelt und kommt Hilfsprojekten für das in der Region von Maralal lebende Volk der Samburu zugute. Ausgangspunkt des Derbys ist stets der **Yare Safari Club and Campsite**, rund 4 km südlich des Städtchens.

Info: Yare Safari Club, Tel. (Nairobi) 020/21 40 99, Fax 020/327 09. Übrigens: Auch wer nicht selbst am Rennen teilnimmt, erlebt eine feuchtfröhliche **Riesengaudi** während der Veranstaltung auf dem Gelände des Yare Safari Club!

Samburu-Kind in Rot – Schminke und ein freundliches Lachen für staunende Fremde

33 Maralal

Farbenprächtige Samburu und ein Hauch vom Wilden Westen.

Auf staubiger Piste geht es weiter nordostwärts, von Archer's Post rund 145 km lang, bis – auf hoch gelegenem Plateau und von den bewaldeten *Karisia Hills* (2500 m) umgeben – endlich Maralal erreicht ist. Man kommt auch vom Baringo-See hierher (die Piste mündet in Kisima) und ist nun rund 330 km von Nairobi entfernt. Die etwa 10 000 Einwohner zählende Stadt ist mehr oder weniger die letzte Gelegenheit, um für die beschwerliche Fahrt hinauf zum Turkana-See Benzin zu fassen und Vorräte aufzufrischen. Maralal ist der Hauptort des Samburu Districts. Die Angehörigen des **Samburu**-Stammes – ähnlich schlank und hochgewachsen wie die Massai, aber nicht so kriegerisch – bewegen sich in den staubigen Straßen des Städtchens in farbintensiver Kleidung. Die Farbe Rot dominiert – die Umhänge, ihre Lehmfrisuren und die Speere. Ihr Volk lebt vorwiegend von der Rinderzucht, baut aber auch Mais und Gemüse an. Mit seinen Hütten und verandagesäumten Holzbauten erinnert der Ort fast an eine Wildweststadt, deren besondere Attraktion das **Maralal International Camel Derby** ist. Jeweils Anfang August geht ein Kamelwettrennen über die ›Bühne‹, an dem jedermann teilnehmen kann. Es winkt ein beachtliches Preisgeld!

Abgesehen von diesem Ereignis ist auch das **Maralal National Sanctuary**

Leben im Nomadendorf – die Samburu wohnen in niedrigen Hütten, die aus Zweigen geflochten und zur Isolierung mit Schlamm und Rinderdung bestrichen sind

besuchenswert. Der Ort liegt behaglich eingebettet in dieses Wildschutzgebiet. Büffel, Zebras und Löwen können an der einzigen Wasserstelle des geschützten Waldgebiets beobachtet werden, wo die *Maralal Safari Lodge* komfortable Unterkunft mit Aussichtsterrasse bietet.

Blick in die Ferne

Etwa 15 km westlich von Maralal führt eine Staubpiste in den kleinen Ort **Losiolo** auf dem *Leroghi Plateau*. Man befindet sich hier an der Abbruchkante des Great Rift Valley, des großen Grabenbruchs in der Erdkruste, der sich von Nord nach Süd quer durch Kenia zieht. Fantastische **Panoramen** eröffnen sich dem Besucher an dieser Stelle in alle Richtungen.

i Praktische Hinweise

Unterkunft

*****Maralal Safari Lodge**, 3 km außerhalb der Stadt in Richtung Baragoi,Tel. (Nairobi) 020/21 11 24, Fax 020/21 11 25.
Die Lodge mit ihren 12 komfortabel eingerichteten Cottages aus Stein und Zedernholz liegt in majestätischer Landschaft und erlaubt ausgiebige Wildbeobachtung. Pool.

Restaurant

Hard Rock Cafe, Maralal, gegenüber der Shell Station. Das Lokal heißt zwar so, gehört jedoch nicht zur gleichnamigen Kette. Preiswerte Gerichte.

34 Marsabit National Park and Reserve

Grünes Kleinod in trostloser Trockenheit.

Inmitten weiter Wüsten und grandioser Halbwüstenlandschaften breitet sich ca. 275 km nördlich von Isiolo das 360 km^2 umfassende Marsabit National Reserve aus.

Es liegt wohl an seiner Abgeschiedenheit wie auch an der mühevollen Anfahrt über die staubige, wie ein Wellblech geriffelte Piste herauf von Isiolo, dass sich nicht allzu viele Besucher in dieses überaus reizvolle Schutzgebiet verirren. Das Städtchen **Marsabit** wird vor allem von den nomadisierenden Rendille aufgesucht, die hier ein wenig Handel zu treiben suchen. Der Ort mit seinen Geschäften, Banken und Kneipen bildet eine Insel der Zivilisation in einer rauen, weithin menschenleeren Umgebung.

TOP TIPP Der vulkanische **Mount Marsabit** dominiert mit einer Höhe von exakt 1707 m die Stadt und ist seinerseits eine grüne Insel inmitten gnadenloser Trockenheit. Heiße Luftmassen aus den Ebenen am Fuße des auch ›Karatin‹ genannten Berges steigen gegen Ende des Tages auf und schlagen sich als Nebel oder Regen an seinen Abhängen nieder. So wuchs und gedeiht ein dichter **Bergwald**, der Heimat zahlreicher Tierarten ist. Bekannt ist, dass im Gebiet von Marsabit **Elefanten** mit außerordentlich langen Stoßzähnen leben – ›Ahmed‹ etwa, ein besonders wuchtiger Dickhäuter, stand jahrelang unter dem persönlichen Schutz von Präsident Jomo Kenyatta. Das Kenya National Museum in Nairobi besitzt ein Fiberglasmodell von ihm. Darüber hinaus fühlen sich auch Büffel, Zebra, Antilopen und die herrlichen **Netzgiraffen** sowie eine Reihe seltener Vogelarten im Marsabit Reservat wohl.

Eine landschaftliche Besonderheit dieser bizarren Gegend sind die zahlreichen so genannten Gofs – Seen, die sich in den Kratern längst erloschener Vulkane bilden. Insbesondere der **Lake Paradise** überrascht durch frischen Graswuchs und einen schönen Waldgürtel.

i Praktische Hinweise

Unterkunft

*****Marsabit Lodge**, Tel. (Nairobi) 020/233 08 20, Fax 020/222 78 15. Die einzige, halbwegs komfortabel ausgestattete Lodge weit und breit, ca. 3 km vom Eingang zum Reservat entfernt, mit schönem Blick auf den paradiesisch grün umrandeten See des Gof Sokorte Dika.

Am Lake Paradise im Reservat gibt es landschaftlich überaus eindrucksvolle Möglichkeiten zum **Campen**, jedoch fehlt es an sanitären Einrichtungen und Proviant muss unbedingt selbst mitgebracht werden.

Attraktionen im Marsabit-Nationalpark – Elefanten und wildromantische Vulkanseen

35 Lake Turkana

TOP TIPP *Das Jade-Meer im Glutofen Kenias.*

Hoch oben im Norden des Landes, rund 700 km von Nairobi entfernt und abseits der Touristenrouten, dehnt sich über ei-

Fußbad für Dromedare – kleiner Hirte mit großen Tieren am weiten Lake Turkana

Abenteuerlicher Norden

Wie in nur wenigen anderen Gegenden Afrikas kommen Freunde landschaftlicher und kultureller Ursprünglichkeit im Norden Kenias auf ihre Kosten. Nicht selten mühselig und nervenzehrend kann sich die Fahrt über schwarzes Lavageröll auf wüstenähnlichen Ebenen im heißen Glutofen des Landes gestalten. Entweder im Sammeltaxi, dem Matatu, im Geländewagen oder auf der Ladefläche eines LKW erschließt sich dem Besucher dieser wahrhaft gottverlassenen Region ein unverfälschtes Stück des schwarzen Kontinentes, das sein landschaftliches Glanzstück in den zuweilen kitschig blau wirkenden Wassern des **Lake Turkana** findet. Doch auch hier gilt: keine Rose ohne Dornen.

Immer wieder verunsichern Viehdiebe, Banditen und Stammesfehden Teile des Nordens, ohne dass deshalb grundsätzlich von einer Reise in diese Gegend abgeraten werden müsste. Eine Ausnahme bildet lediglich der Nordosten, der aus Sicherheitsgründen auch keine Berücksichtigung in diesem Reiseführer gefunden hat.

Wer also in den Norden Kenias reisen und sich noch vor Reiseantritt über die **aktuelle Situation vor Ort** ein Bild machen will, kann sich informieren beim *Auswärtigen Amt*, 11013 Berlin, Tel. 030/ 50 00-0, www.auswaertiges-amt.de. Ist man bereits in Kenia, sollte man in Nairobi bei der *Deutschen Botschaft*, Tel. 020/426 21 00, www.nairobi.diplo.de [s. S. 124], Erkundigungen über die Verhältnisse im Norden des Landes einholen. Gut informiert sind außerdem jene Safari-Unternehmen mit Sitz in der Hauptstadt, die Gruppenreisen nach Nordkenia anbieten, zum Beispiel: *Safari Camp Services*, im Untergeschoss der Barclays Plaza, Loita Street, Nairobi, Tel. 020/22 89 36 und 020/33 01 30, Fax 020/21 21 60.

ne Fläche von rund 8000 km^2 der Lake Turkana aus. Mit einer Länge von mehr als 250 km und einer durchschnittlichen Breite von 32 km ist er etwa 15 mal so groß wie der Bodensee (539 km^2).

Es war eine österreichische, vom damaligen Kronprinzen Rudolf geförderte Expedition unter der Leitung des Grafen Samuel Teleki und des Leutnants Ludwig von Höhnel, die im Jahr 1888 die Kenntnis von diesem Binnenmeer erstmals nach Europa brachte. Bis Ende der 1970er-Jahre nach dem habsburgischen Kronprinzen **Rudolf-See** benannt, trägt das größte Gewässer des ostafrikanischen Rift Valley seither den Namen der **Turkana**, ei-

Rundhütten der El Molo am Seeufer – auf kargem steinigen Boden warten einfache Gerätschaften auf kaufwillige Besucher

Flotte Fahrweise ausgeschlossen – auf holpriger Piste führt die staubige Tour durch graubraune Basaltwüste zum entlegenen Sibiloi National Park

nes heute etwa 300 000 Köpfe zählenden Volkes, das am Seeufer und am Turkwel-Fluss sesshaft ist, hier Fischfang und Feldwirtschaft betreibt, ansonsten aber in der öden Gegend mit seinem Vieh ein Nomadendasein führt.

Der abflusslose See ist stark sodahaltig, was einen intensiven Algenwuchs begünstigt. Dieser führt zu der grünlichblauen Färbung des Wassers und zu der geläufigen Bezeichnung **Jade-Meer**. In früheren Zeiten war der Umfang des Turkana-Sees noch weit größer als heute, seit Jahren nimmt er indessen ständig ab – eine Folge von Wasserbauprojekten am *Omo River*, seinem Hauptzufluss im äthiopischen Norden, und der extremen Verdunstung aufgrund der enormen Sonneneinstrahlung in dieser Region. 40 °/50 °C sind hier keine Seltenheit.

Den Besucher faszinieren insbesondere die herb-schöne **Halbwüstenlandschaft** in vorwiegend Braun- und Schwarztönen um den Turkana herum, das ›Meer‹ selbst mit seinem Fischreichtum, seinen imposanten Nilkrokodilen sowie die sensationellen prähistorischen Fundstellen am Ostufer. Am einfachsten erreicht man den See von Nairobi aus mit Propellermaschinen, die auf den kleinen Flugplätzen von Loyangalani am Südostufer bzw. Lodwar und Kalokol im Westen des Sees landen. Oder aber man begibt sich auf eine abenteuerliche Autofahrt. Von der Landesmitte aus führen zwei Straßen in den hohen Norden von Kenia.

Auf Reifen fressender Ostufer-Tour

Die schlechtere, ungeteerte Verbindung erreicht von Maralal aus nach knapp 250 km das Ostufer des Turkana-Sees bei Loyangalani. Auf gewellter Staubpiste über Stock und besonders viel Stein geht die Fahrt hinunter in die Ebene von **Baragoi** und von dort weiter in stark hügeliger Landschaft zwischen den Samburu Hills und den Ndoto Mountains (2600 m) bis in die grüne Oase von **South Horr**. Es folgt schüttere Dornbuschsavanne, die übergeht in eine unwirtliche Gegend mit Lava- und Basaltbrocken. Ein atemberaubender Anblick bietet sich sodann, wenn man aus den dunklen Lavaebenen in brütender Hitze urplötzlich die grünlich schimmernden Wasserflächen des Turkana zu Gesicht bekommt.

Ankunft in **Loyangalani**, das manche Annehmlichkeiten westlicher Zivilisation bereithält, darunter ein Postamt, ein Lager für passionierte Angler, eine üppig ausgestattete Lodge sowie Campingplätze. Der kleine Ort ist Ausgangspunkt für interessante Ausflüge in die nähere und weitere Umgebung am Ostufer des Sees. Ganz in der Nähe lebt der Stamm der **El Molo** – die wohl kleinste Volksgruppe in Kenia –, der sich ursprünglich völlig von den beiden anderen großen Stämmen der Region, den Turkana und den Samburu, unterschied. Nicht zuletzt unter dem Einfluss touristischer Besichtigungstouren haben sich diese Eigen-

Schlaf des Gerechten am Ursprungsort der Menschheit – riesige und Furcht einflößende Nilkrokodile bevölkern die öden Ufer im Nordosten des Lake Turkana

heiten inzwischen verwischt – die vorherrschende Sprache der Molo ist heute Samburu – und *El Molo-Folklore* scheint hauptsächlich durch die auswärtigen Besucher beatmet zu werden.

Für Bergwanderungen mit Ausblicken auf den See eignet sich der 2285 m hohe **Mount Kulal** im Osten von Loyangalani, ein bewaldetes Paradies für Mineralien- und Edelsteinsammler.

Schließlich kann man von Loyangalani auch mit Booten nach **South Island** übersetzen. Sportangler wissen diese Möglichkeit zu schätzen, denn hier locken stattliche *Nilbarsche*, deren größte Exemplare 100 kg auf die Waage bringen,

Im Sibiloi National Park – ein ›versteinerter Wald‹ in unwirtlicher Urzeitlandschaft

ebenso die schmackhaften *Tilapia* und *Tigerfische*. Während **Central Island** in der Seemitte mit dem Boot von Kalokol am Westufer aus erreicht wird, ist **North Island** kaum zugänglich. Die Insel wird nur von Schlangen bewohnt, deren Vorfahren einst vom äthiopischen Omo River in den See geschwemmt worden sind.

Nilkrokodile an der Wiege der Menschheit

An der *Allia Bay*, ein ganzes Stück weiter nördlich von Loyangalani und nur äußerst mühsam über eine schlechte Piste oder mit dem Flugzeug zu erreichen, befindet sich Kenias nördlichstes Schutzgebiet: der **Sibiloi National Park**. Kaum würde man in dieser gottverlassenen und häufig von kräftigen Winden durchtosten Gegend vielfältiges Leben vermuten. Und dennoch: Strauße, Giraffengazellen und Oryx-Antilopen bevölkern die kargen Böden, während am Seeufer die weltweit größte Kolonie stattlicher *Nilkrokodile* lebt. In dichter Nachbarschaft zu den urweltlich anmutenden Riesenechsen erstreckt sich ein Areal mit Resten *versteinerter Bäume*, die stumm bezeugen, dass hier vor rund 7 Mio. Jahren dichte und ausgedehnte Wälder in völlig anderem Klima gediehen.

TOP TIPP

Weiter nördlich liegt das sandige Gelände von **Koobi Fora**, seit 1969 das Hauptquartier einer Gruppe von Fossiliensammlern, die ursprünglich von Richard Leakey angeführt wurde. Ein kleines *Museum* informiert über einige Fossilien, ist aber insgesamt in eher bedauernswertem Zustand und wird mitnichten dem

Fund des Ehepaares Leakey vom Jahr 1972 gerecht, der in der ganzen Welt Aufsehen erregte: Unter der schlichten Katalognummer 1470 verwahrt heute das Kenya National Museum in Nairobi den versteinerten *Schädel* eines menschlichen Vorfahren mit der Bezeichnung *Homo habilis* (›geschickter Mensch‹). Er dürfte vor etwa 2 Mio. Jahren mit seinen Zeitgenossen an den Ufern des Turkana-Sees gelebt haben. Man steht hier also – unbestritten – an einer der Wiegen der Menschheit. Koobi Fora ist übrigens auch mit einem leichten Flugzeug zu erreichen.

Abstecher zum Westufer

Vom Ostufer des Turkana gibt es keinerlei Straßenverbindung zur Westseite – stattdessen trennt beide Regionen eines der heißesten Täler der Erde: Südlich der *Von Höhnel Bay* an der Südspitze des Sees dehnt sich das **Suguta Valley** aus, in dem mitunter Temperaturen um 70 °C gemessen werden.

Ansonsten gilt: Das **Westufer** des Sees ist leichter zu erreichen als die gegenüberliegende Seite. Die Teerstraßen A 1 (von Kitale her) bzw. B 4 führen aus dem Landesinneren durch die beeindruckende Berglandschaft der *Cherangani Hills* (3300 m), durch die akazienbestandene, dann zunehmend ausgedörrte Savanne hinauf nach **Lodwar**, dem eher trostlosen Hauptort im Nordwesten. Eine Quelle zaubert in dieser trockenen Einöde bei **Eliye Springs** unvermutet einen kühlenden Palmenhain hervor, in dessen Nähe es Campingmöglichkeiten gibt. Dieses Kleinod ist von Lodwar aus nach 65 km mit dem Geländewagen zu erreichen.

Die B 4 gelangt hinter Lodwar nach knapp 70 km zum *Ferguson's Gulf* mit dem ehem. Fischerdorf **Kalokol**. Aufgrund starker Verlandung des Lake Turkana hat diese Region mit großen wirtschaftlichen Schwierigkeiten zu kämpfen. So wurde vor einiger Zeit die *Lake Turkana Fishing Lodge* geschlossen, wie auch Fisch verarbeitende Fabriken, denen mangels Rohstoff die Arbeit ausging.

Wenn der Turkana nicht gerade wieder einmal vom Sturm gepeitscht wird, lohnt eine Überfahrt von Kalokol hinüber zur 5 km^2 großen **Central Island**. Knapp 240 m hoch steigt das vulkanische Eiland aus dem Wasser. Es ist mit seinen buschumrandeten Kraterseen zum einen ein *Vogelparadies*, zum anderen können hier im April und Mai kleine *Krokodile* beim Schlüpfen beobachtet werden.

i Praktische Hinweise

Information

Kenya Wildlife Service, Nairobi Headquarters, P.O. Box 40241, Nairobi, Tel 020/ 60 08 00 Fax 020/60 37 92, www.kws.org

Unterkünfte

Oasis Lodge, nahe Loyangalani, Tel. (Nairobi) 020/60 04 70, Fax 020/60 04 65, www.oasis-lodge.com. Im Busch, von einigen Quellen begrünt, verstecken sich 24 kleine Cottages, die mit dem üblichen Komfort ausgestattet sind. Als Labsal in der Glut des Nordens erweisen sich die beiden Frischwasserpools.

Turkwel Hotel, Lodwar, Tel. 054/212 01. Der Mittelpunkt des Ortes in jeder Hinsicht, einfache aber saubere Unterkunft.

Abendstimmung am Jade-Meer – South Island wirkt wie ein riesiges aufgetauchtes U-Boot in der dunklen Wasserfläche des Lake Turkana

BACARDI
GORDON'S
LONDON DRY GIN

R
100 GS

Kenia aktuell A bis Z

Vor Reiseantritt

ADAC Info-Service:
Tel. 018 05/10 11 12,
Fax 018 05/30 29 28 (0,12 €/Min.)

ADAC im Internet:
www.adac.de

Kenia im Internet:
www.magicalkenya.com
www.kenyaweb.com

Informationen zu den gewünschten Zielgebieten für die Planung und Vorbereitung einer Reise sind erhältlich beim kenianischen Touristikbüro:

Kenya Tourist Board Deutschland,
c/o TravelMarketing Romberg,
Schwarzbachstr. 32, 40822 Mettmann,
Tel. 021 04/83 29 19, Fax 021 04/91 26 73,
kenia@travelmarketing.de

Botschaften und Konsulate

Deutschland
Botschaft der Republik Kenia,
Markgrafenstr. 63, 10969 Berlin,
Tel. 030/259 26 60, Fax 030/25 92 66 50,
www.africa.de/kenia

Österreich
Botschaft der Republik Kenia,
Neulinggasse 29/8, 1030 Wien,
Tel. 01/712 39 19, Fax 01/712 39 22,
kenyarep-vienna@aon.at

Schweiz
Konsulat der Republik Kenia,
Avenue de la Paix 1–3, 1202 Genf,
Tel. 02 29 06 40 56, Fax 02 27 31 29 05,
mission.kenya@ties.itu.int

Allgemeine Informationen

Reisedokumente

EU- wie auch Nicht-EU-Bürger benötigen ein Visum, das bei der kenianischen Botschaft sowie den zuständigen Konsulaten (s. o.) zu beantragen ist. Hierfür sind ein gültiger Reisepass (mind. noch 6 Monate), ein Passfoto und ein frankiertes und adressiertes Rückkuvert sowie ein Scheck über die aktuelle Visagebühr erforderlich. Im Urlaubsland kann das Visum auch direkt am Flughafen erworben werden.

Kfz-Papiere

Grundsätzlich genügt bei einem Aufenthalt von max. 90 Tagen der nationale Führerschein, zusätzlich wird die Mitnahme eines Internationalen Führerscheins empfohlen.

Krankenversicherung und Impfungen

Der Abschluss einer privaten *Auslandsreisekranken- und Rückholversicherung* mit uneingeschränkter Kostenübernahme wird dringend empfohlen.

Die Gelbfieberimpfung bei Einreise aus Infektionsgebieten ist vorgeschrieben. Tetanus-, Diphtherie-, Polio und Hepatitis-Impfungen sind ratsam. Eine *Malariaprophylaxe* ist für die meisten Regionen Kenias angezeigt, detaillierte Informationen geben Tropeninstitute, -mediziner und das Auswärtige Amt (Tel. 030/50 00 20 00, www.auswaertiges-amt.de).

Zollbestimmungen

Touristen können Filme und eine Kameraausrüstung zollfrei einführen, ausgenommen Film- und Diaprojektoren. Für Videoausrüstung, Radios, Tonbandgeräte sowie Musikinstrumente muss eine Kaution hinterlegt werden. Eingeführt werden dürfen ferner: 200 Zigaretten oder 50 Zigarren oder 250 g Tabak/Schnupftabak, 1 l Wein im Duty-free-Verkehr, ½ l Parfum und Eau de Toilette. Die Bestimmungen gelten für Personen, die 17 Jahre und älter sind.

Verboten ist die Einfuhr von pornographischer Literatur, wozu bereits Herrenmagazine zählen.

Tiertrophäen, Felle, Korallen, Muscheln und Elfenbein dürfen weder aus- noch nach Deutschland eingeführt werden, bereits bei der Ausreise aus Kenia finden strenge Kontrollen statt.

◁ **Oben:** *Küstenzauber am Indischen Ozean – Strandvergnügen unter wogenden Palmen nebst luxuriösem Hotel-Service*
Mitte: *Die Savanne geht schlafen*
Unten: *Aktivurlaub nach Belieben – Golfen in herrlicher Umgebung oder auf zwei Rädern Samburuland entdecken*

Geld

Die Währungseinheit Kenias ist der Kenya Shilling (KSh). 1 Shilling = 100 Cents. Es sind Noten über 50, 100, 200, 500 und 1000 Shilling sowie Münzen über 1, 5, 10 und 20 Shilling in Umlauf. Ältere Centstückelungen sind wegen des geringen Werts kaum noch gebräuchlich.

Aus Sicherheitsgründen sind Reiseschecks, die auf Euro oder US-Dollar lauten, empfehlenswert. Die gängigen Kreditkarten (Master/Eurocard und Visa) werden von den meisten Hotels, Restaurants und Geschäften akzeptiert. Geldautomaten stehen zumindest in Mombasa und Nairobi zur Verfügung.

Tourismusämter im Land

In Kenia fehlen staatliche, dem einzelnen Touristen zugängliche Informationsbüros weitgehend, sofern vorhanden sind sie unter den ›Praktischen Hinweisen‹ der jeweiligen Besichtigungspunkte angegeben, z. B.

Tourist Information, Moi Avenue (nahe der Tusks), Mombasa, Tel. 041/22 54 28

Kommerzielle Reisebüros in großen und kleineren Orten erweisen sich in touristischen Fragen als sehr hilfsbereit, ebenso die Hotels.

Notrufnummern

Polizei und **Notruf:** Tel. 999

ADAC-Notrufzentrale München:
Tel. 000 49/89/22 22 22 (tgl. 24 Std.)

ADAC-Ambulanzdienst München:
Tel. 000 49/89/76 76 76 (tgl. 24 Std.)

Österreichischer Automobil Motorrad und Touring Club
ÖAMTC Schutzbrief-Nothilfe:
Tel. 000 43/(0)1/251 20 00

Touring Club Schweiz
TCS Zentrale Hilfsstelle:
Tel. 000 41/(0)224 17 22 20

Ärzte sind über die meisten Hotels zu erreichen, bei Notfällen unterwegs hilft der **AMREF Flying Doctors Service**, P.O. Box 27691, Nairobi, Tel. 020/31 54 54, Fax 020/34 41 70, www.amref.org

in Deutschland: Mauerkircherstr. 155, 81925 München, Tel. 089/98 11 29, www.amrefgermany.de. Für einen Mitgliedsbeitrag von rund 25 US-Dollar für 1–2 Monate wird man im Notfall vom Unfallort (bis zu einer Entfernung von 500 km) nach Nairobi geflogen.

AMREF ist die größte private medizinische Hilfsorganisation in Ostafrika. Neben der Notfallhilfe durch die ›Fliegenden Ärzte‹ werden von ihr auch Krankenstationen errichtet, medizinische Forschungs- und Ausbildungsprogramme organisiert sowie Flüchtlings- und Hungerhilfe geleistet.

Diplomatische Vertretungen

Deutsche Botschaft, Ludwig Krapf House, Riverside Drive 113, Nairobi, Tel. 020/426 21 00, Fax 020/426 21 29

Deutsches Honorarkonsulat, Bank of India Building, Nkrumah Road, Mombasa, Tel. 041/22 87 81, Fax 041/22 91 86

Österreichische Botschaft, City House, Ecke Wabera/Standard Street, Nairobi, Tel. 020/31 90 76, Fax 020/34 22 90

Schweizerische Botschaft, International House, Mama Ngina Street, Nairobi, Tel. 020/22 87 35, Fax 020/21 73 88

Gesundheit

Es sollte nur abgekochtes oder in Flaschen abgefülltes Mineralwasser getrunken und kein ungewaschenes Obst oder rohes Gemüse gegessen werden. Das Baden im Lake Victoria ist zu unterlassen, da dort der Bilharzia-Parasit (Krankheit erregender Wurm, der durch die Haut dringt) vorkommt. Urlauber mit Appetit auf ein Sex-Abenteuer sollten wissen, dass Kenia zu den Ländern mit sehr hoher HIV-Infektionsrate gehört.

Besondere Verkehrsbestimmungen

In Kenia herrscht *Linksverkehr*. Innerhalb geschlossener Ortschaften beträgt die Höchstgeschwindigkeit 50 km/h, sonst 100 km/h. Vorsicht ist geboten bei Fahrten in der Dunkelheit, unbeleuchtete Fahrzeuge sind keine Seltenheit, Vieh und Menschen frequentieren die Straßen in großer Zahl.

Sicherheit

Kenia ist ein bitterarmes Land und die Armut ballt sich vor allem in den großen Städten, wo Diebstahl und Raub eine nicht zu unterschätzende Gefahr darstellen. Angriffe auf Leib und Leben von Touristen sind jedoch sehr selten. Über die üblichen Vorsichtsmaßnahmen hinaus – die Kamera nicht offen zeigen, keine Wertgegenstände auf Touren mitführen usw. – ist vor allem für Nairobi ein Wort der Warnung angebracht. Wenn möglich sollten hier auch kurze Entfernungen, selbst tagsüber, nur mit dem Taxi zurückgelegt werden. Aktuelle Sicherheitshinweise erteilt das Auswärtige Amt, Berlin, Tel. 030/50 00 20 00, www.auswaertiges-amt.de.

Ein anderes Thema sind die Wildreservate, wo die vermeintliche Freiheit des Buschs keinesfalls zur Unachtsamkeit verleiten darf. Das Verbot, in den Nationalparks den Wagen zu verlassen, hat seinen Grund – immer wieder werden unvorsichtige Touristen von Raubtieren schwer verletzt. Schon das Verlassen eines sicheren Lodge-Bereichs kann tödlich enden.

Stromspannung

In Kenia herrschen 220/240 Volt Wechselstrom, Adapter für die Steckdosen sollte man mitbringen, in den meisten großen Hotels können sie ausgeliehen werden.

Kleinere Häuser und Lodges werden per Generator mit Strom versorgt, der üblicherweise gegen 23 Uhr abgestellt wird.

Zeit

Der Zeitunterschied zur MEZ beträgt plus 2 Stunden, während der europäischen Sommerzeit plus 1 Stunde.

Zeitungen

Große deutsche Tageszeitungen sind in Nairobi und Mombasa mit einigen Tagen Verspätung erhältlich. Wer Englisch kann, sollte durchaus einmal einen Blick in eine kenianische Zeitung (etwa ›Daily Nation‹ oder ›The East African‹, www.nationaudio.com) werfen. Man erfährt dort eine Menge Wissenswertes über die aktuelle Situation im Lande.

Anreise

Flugzeug

Die meisten Besucher Kenias erreichen ihr Ziel im Rahmen eines Pauschalangebotes, das üblicherweise einen Flug von Europa nach Mombasa einschließt. LTU, Condor und African Safari bieten derzeit wöchentliche Direktverbindungen u.a. München–Mombasa an. Lufthansa hat vor einiger Zeit seine Direktflüge nach Nairobi eingestellt, es fliegen aber andere europäische Linien sowie Egypt Air und Ethiopian Airlines etwa ab Frankfurt über Kairo bzw. Addis Abeba.

Auto

Die Anreise mit dem Pkw oder Geländewagen ist derzeit am einfachsten von Süden her über Tansania möglich, da die Nordprovinzen Kenias an politisch unruhige Gebiete im Sudan, Somalia bzw. Äthiopien anschließen.

Bank, Post, Telefon

Bank

Banken sind Mo–Fr 9–15 Uhr geöffnet, große Filialen darüber hinaus auch Sa 9–11 Uhr.

Größere Orte haben meist zumindest eine Bank, in der Geld getauscht oder Reiseschecks eingelöst werden können.

Post

Postämter sind werktags 9–18, samstags bis 12 Uhr geöffnet.

Telefon

Internationale Vorwahlen:

Kenia 002 54
Deutschland 000 49
Österreich 000 43
Schweiz 000 41

Die Telekommunikation Kenias ist modern und verhältnismäßig effizient. Die größeren Orte sind im Selbstwählverkehr zu erreichen. Von **blauen Telefonzellen** kann man, so die Technik mitspielt, mit Telefonkarten telefonieren, die es in Postämtern zu kaufen gibt. **Tipp:** Es ist fast unmöglich, von der City Nairobis aus per

Tradition und Moderne im Turkanaland – Ferngespräch in Loyangalani

Musterhaft in Reih und Glied – Ledergürtel sind mit Perlenschnüren und -ornamenten farbenfroh und überquellend geziert und daher als Souvenirs begehrt

Karte nach Europa durchzukommen, hingegen ist das vom Stadtrand oder von einem Dorf aus meist kein Problem – sofern dort eine blaue Zelle steht. Sekundengenaue Abrechnung bieten private *Telefonbüros* oder aber es wird, wie auch in den meisten Hotels, eine Pauschale für beispielsweise 3 Minuten nach Europa erhoben.

Die Benutzung handelsüblicher GSM-**Mobiltelefone** ist in den großen Städten und in touristisch bedeutsamen Regionen Kenias möglich. Man sollte sich jedoch vor Reiseantritt über das günstigste Netz vor Ort informieren und sein Handy entsprechend programmieren.

Einkaufen

Öffnungszeiten

Für kleinere Stände, Geschäfte und Märkte gibt es keine gesetzlich vorgeschriebenen Öffnungszeiten, in den Städten öffnen die größeren Geschäfte Mo–Fr meist gegen 9 und schließen gegen 19 Uhr, Sa wird um 13 Uhr geschlossen.

Souvenirs

Der Gast wird Mühe haben, eine Auswahl aus den massenweise angebotenen Handarbeiten zu treffen. Kenianische Souvenirhändler können mitunter nervig und aufdringlich sein, wenn es um den Verkauf ihrer Ware geht. Besonders raffiniert und ungeniert geht es unterwegs auf dem Lande zu, wenn etwa der Bus Station an einem kleinen Restaurant macht, wo sich mit absoluter Sicherheit auch ein Souvenirgeschäft befindet. Hier ist **Handeln** Pflicht, denn die zu Beginn der Transaktion geforderten Preise sind oft – je nach Geschmack – ein Witz oder unverschämt.

Zu den qualitativ meist hochwertigen und beliebten Mitbringseln zählen **Holzschnitzereien**, **Töpferware** oder Arbeiten aus **Speckstein**. T-Shirts, Schmuck und Wandteppiche ergänzen das Angebot.

Mombasa

Gut und günstig kauft man in Mombasa nördlich außerhalb der Stadt an der Straße nach Malindi im **Bombolulu Craft Centre**. Die Einnahmen kommen hier den Behinderten zugute, welche die Souvenirs in Werkstätten vor Ort anfertigen. Man kann die Künstler übrigens auch bei ihrer Arbeit beobachten.

Nairobi

Kommerziell ausgerichtet, dabei aber sehr preiswert und gut ist in Nairobis Moi Avenue der **Zanzibar Curio Shop**. Schöne Arbeiten hält die Kooperative **African Heritage Ltd.** im Libra House in der Mombasa Road, etwas außerhalb von Nairobis Innenstadt, bereit.

Nairobi bietet zudem bescheidene Möglichkeiten, anspruchsvolle **Kunstobjekte** zu erstehen. Zeitgenössische und traditionelle Kunst Afrikas gibt es in der **Kumbu Gallery** nahe dem Hilton Hotel sowie in der **African Cultural Gallery** in der Mama Ngina Street, ebenfalls nahe dem Hilton. In der Standard Street unweit des The Stanley Hotel zeigt und verkauft die **Gallery Watatu** moderne afrikanische

Kunst. Diese Galerie wurde 1984 von der gebürtigen Berlinerin Ruth Schaffner übernommen, die vor den Nationalsozialisten zunächst in die USA geflohen war.

Essen und Trinken

Rauchverbot

Im Mai 2006 hat die kenianische Regierung ein Gesetz verabschiedet, das das Rauchen in öffentlichen Einrichtungen untersagt. Es gibt aber in Hotels, Restaurants, Flughäfen eigene Raucherzonen.

Wo gibt's was

Einfache **Restaurants** finden sich in fast allen größeren Orten. In den **Lodges** wartet morgens in der Regel ein üppiges Frühstücksbuffet auf die Gäste, auf **Safaritour** – etwa als Tagesausflug über Mittag – wird ein Lunchpaket mitgenommen und abends gibt es meist ebenfalls ein Dinner auf Buffetbasis: Fleischgerichte in Auswahl, Fischgericht, Gemüse, Süßspeisen und Obst.

Frühstück

Ugali, ein Brei aus Getreide, bildet die morgendliche Nahrungsgrundlage der meisten Kenianer, vor allem auf dem Lande. Für die Touristen ist das Frühstück englisch! Das typische englische Frühstück mit Eiern, gebratenem Speck, gegrillten Würstchen und Tomaten gehört zum Standard der meisten Hotels im Lande, ebenso wie ein Buffet, auf dem die herrlichen Früchte des Landes und Säfte neben Marmelade, Brot u. a. in reicher Auswahl angeboten werden.

Mittag- und Abendessen

Kenias multiethnische Bevölkerungsstruktur spiegelt sich nicht zuletzt im kulinarischen Angebot des Landes. Echt afrikanisch ist **Nyama choma** – Gegrilltes von Ziege, Lamm oder Rind. Kenianer schwören darauf, dass den wahren Geschmack nur genießt, wer mit den bloßen Fingern in die Knochen greift.

Die **Swahili-Küche** bietet köstliche Fleischgerichte unter raffinierter Verwendung edler Gewürze und viel Reis. Gewürzt wird mit Currys aller Farben und Schärfen. Als schmackhaft – wenngleich eher ungewohnt für europäische Gaumen – erweist sich die häufige Verwendung von Kochbananen und Kokosmilch bei der Speisenzubereitung. **Pilau** etwa ist eine Köstlichkeit aus Fleisch und Reis, um einiges schärfer fallen die indischen Spezialitäten aus, die vor allem an der Küste serviert werden. Vegetarier kommen in einem indischen Restaurant voll auf ihre Kosten. Unterwegs und zwischendurch bietet die indische Küche mit ihren kleinen **Samosas** eine leckere Abwechslung: In dreieckigen Teigtaschen findet sich eine köstlich-scharfe Füllung aus Hackfleisch, Zwiebeln, Ingwer, Knoblauch, Curry und anderen Herrlichkeiten. Ab in die Fritteuse und genießen!

Fisch und **Schalentiere** spielen in der Küstengastronomie eine bedeutende Rolle, fangfrisch gegrillt sind sie ein wahrer Genuss. Am Lake Victoria werden in den größeren Restaurants gelegentlich die örtlichen Süßwasserfische **Tilapia** sowie **Barscharten** – meist gegrillt – angeboten, doch längst nicht so häufig, wie man vermuten könnte (vgl. dazu S. 86).

Getränke

Tee und **Kaffee** als qualitativ hochwertige Landesprodukte gehören zum Frühstück ebenso dazu wie **Milch**. Hervorragend sind auch die aus knackigem Obst – von Mangos bis zu Passionsfrüchten – gepressten **Säfte**. Freunde alkoholischer Getränke greifen immer wieder zum **Bier**, das in Kenia in guter Qualität hergestellt wird. *Tusker* und *White Cap* sind beliebte Marken. Wie auch der landeseigene **Wein** – angebaut am Lake Naivasha im Rift Valley – muss sich das kenianische Bier seit einiger Zeit gegen die harte Konkurrenz südafrikanischer Produkte behaupten. Kap-Weine sind in nahezu jeder Hotelbar erhältlich, *Naivasha Sauvignon* hingegen nicht unbedingt.

Die Auswahl fällt schwer – Seafood vom Allerfeinsten im Tamarind von Mombasa

Die Tafel ist gedeckt, der Schmaus kann beginnen – im Grill-Restaurant des Serena Beach Hotels bei Mombasa werden deliziöse Gaumenfreuden aufgetischt

Spirituosen sind in Restaurants und Hotelbars recht teuer, probieren sollte man aber einmal einen **Kaffeelikör** (›African Gold‹), eine echt kenianische Spezialität.

Trinkgeld

Allgemein üblich sind 10% vom Rechnungsbetrag als *Tip*, der beim Verlassen des Restaurants auf dem Tisch liegen gelassen wird. Beschäftigte in Kenias Tourismus leben in hohem Maße von Trinkgeldern.

Feste und Feiern

Feiertage

Staatliche Feiertage sind Neujahr (1. Januar), Karfreitag und Ostermontag, Tag der Arbeit (1. Mai), Madaraka Day (1. Juni), Moi Day (10. Okt.), Kenyatta Day (20. Okt.), Jamhuri Day/Unabhängigkeitstag (12. Dez.), Weihnachten (25./26. Dez.), Idd il Fitr (Ende des islam. Ramadan)

Feste

Abgesehen von Familienfeiern, die sich zumeist an den religiösen Traditionen der Menschen orientieren, gibt es in Kenia nur wenige bedeutende Festlichkeiten.

Der nach dem Mondkalender berechnete islamische Fastenmonat **Ramadan** endet üblicherweise mit Festen, die häufig im Familienkreis gefeiert werden. Nicht-Muslime finden nicht ohne weiteres Zugang zu diesem Ereignis.

Vor allem in der Region des **islamisch** geprägten **Lamu Archipels** im Norden des Landes feiert man anlässlich des Geburtstags des Propheten Mohammed das **Maulidi-Fest**, das etwa eine Woche dauert und zu dem Tänze, ein Wettsegeln mit Dhaus, gutes Essen und vor allem geselliges Beisammensein gehören.

Zu verschiedenen Gelegenheiten feiert auch die **hinduistisch** geprägte Bevölkerung Kenias, insbesondere an der Küste mit dem Schwerpunkt **Mombasa**. Vielleicht hat man Glück und erlebt eine farbenfrohe Hindu-Prozession live mit, etwa zwischen Ende Oktober und Anfang November, wenn **Diwali** (Rückkehr des Gottes Rama und seiner Frau Sita) gefeiert wird.

Gesellschaftliche Ereignisse bilden an der Küste auch die Angelwettbewerbe, so im Januar in **Malindi** die *International Bill Fishing Competition* und im Februar in **Mombasa** das *Mombasa Fishing Festival*.

Landwirtschaftsmessen haben in Kenia Tradition seit der Kolonialzeit. Im Juni findet immer noch die *Nakuru Agricultural Show* statt, während im September die mehrtägige *Nairobi International Show* viele Tausend Besucher willkommen heißt.

Außerordentlich bunt und gesellig geht es auf den regionalen Landwirtschaftsmessen zu, so etwa in:

Nanyuki – erste Maiwoche

Nakuru – Anfang Juli

Kisumu – erste Augustwoche

Nyeri – Anfang September

Nairobi – erste Oktoberwoche.

Freunde des Motorsports kommen zu Ostern wegen der **Safari-Rallye** nach Kenia. Von Karfreitag bis Ostermontag wird unter härtesten Bedingungen – für Fahrer und Bevölkerung! – quer durchs Land gefahren. Distanz: ca. 4500 km, Start und Ziel: Nairobi.

Ein Spektakel der besonderen Art findet im fernen Maralal statt, wo sich jeweils Anfang August die Kamelfans aus der ganzen Welt zum **Maralal International Camel Derby** treffen.

Klima und Reisezeit

Das Klima in Kenia ist von Landschaft zu Landschaft unterschiedlich, variiert je nach Region. Allgemein lässt sich sagen, dass an der bei Urlaubern beliebten **Küste** des Indischen Ozeans das ganze Jahr über warmes bis heißes Wetter mit Wassertemperaturen zwischen 23° und 26 °C und Lufttemperaturen von 30 °C sowie eine ausgeprägte Schwüle vorherrschen. Eine frische Brise sorgt vor allem abends für angenehme Abkühlung. Den meisten Sonnenschein kann man zwischen Mombasa und Malindi etwa zwischen *Oktober* und *März* erwarten, diese europäische Winterzeit ist zugleich die Hauptsaison an der Küste mit dem entsprechenden Preisniveau in den großen Hotels.

In **Nairobi** und den umliegenden Regionen des kenianischen **Hochlandes** kann es insbesondere nachts empfindlich kühl werden, ein warmes Kleidungsstück ist hier also griffbereit zu halten. Das Hotel ›The Ark‹ in den Aberdare-Bergen spendiert seinen Gästen im Juni auch ungebeten eine Wärmflasche für die Nacht! Von *Dezember* bis *März* ist in diesen Teilen Kenias am ehesten mit strahlend blauem Himmel und hohen Lufttemperaturen zu rechnen.

Ausgesprochen trocken und sehr heiß sind die **nördlichen Gebiete** des Landes, hier gibt es Orte, an denen das ganze Jahr über – oder auch jahrelang – extrem wenig Regen fällt.

Als grobe Orientierungsdaten sollen Begriffe wie kurze und lange **Regenzeiten** dienen, denn auch in Kenia ist auf das Wetter nicht mehr unbedingt Verlass. Man rechnet etwa von *Ende März* bis *Anfang Juni* mit einer langen und zwischen *Ende Oktober* und *Mitte Dezember* mit einer kurzen Regenzeit.

Meist fällt der Regen in heftigen Schauern, denen alsbald wieder Sonnenschein folgt. Die Ufer des Lake Victoria sowie andere Regionen im Landesinneren – die Aberdares, der Norden, Amboseli und Masai Mara – können aber oft selbst mit Geländewagen tagelang unpassierbar sein. Zwar eignet sich das Wasser des Indischen Ozeans ganzjährig für jegliche Art von Wassersport, doch während der Regenzeiten kann es im Gebiet von Flussmündungen zu starken Erdeinleitungen in das Meer kommen.

Kenia liegt beiderseits des Äquators, das bedeutet, dass die Tage das ganze Jahr hindurch etwa gleich lang sind und Morgen- und Abenddämmerung recht kurz ausfallen.

Klimadaten Mombasa

Monat	Luft (°C) min./max.	Wasser (°C)	Sonnen-std./Tag	Regen-tage
Januar	32/23	27	9	4
Februar	32/23	28	9	2
März	33/24	28	9	5
April	31/24	28	8	10
Mai	29/23	28	6	14
Juni	29/21	27	8	9
Juli	28/20	25	7	11
August	28/20	25	8	10
September	29/21	27	9	9
Oktober	30/22	27	9	12
November	31/23	27	9	10
Dezember	32/23	27	9	6

Kultur live

Als relativ armes Land kann sich Kenia kein ausuferndes, womöglich staatlich unterstütztes Kulturleben leisten, entsprechend bescheiden ist das Angebot im Lande.

Immerhin: Im *Kenya National Theatre* von **Nairobi** finden Aufführungen eigener und internationaler Autoren statt und die *National Theatre School* kümmert sich um den schauspielerischen Nachwuchs.

Außer in Nairobi bietet allein der *Little Theatre Club* (Tel. 041/31 21 01) in **Mombasa** Theateraufführungen. Er liegt in der Mnazi Moja Road. Hier werden Stücke afrikanischer Autoren gezeigt.

Konzertveranstaltungen mit Orchestern im westlichen Sinne werden in Kenia so gut wie gar nicht aufgeführt, es gibt folglich auch keine entsprechende Konzerthalle. **Livemusik** afrikanischer Gruppen findet hingegen häufig statt, vor allem in Nairobi und Mombasa. Am Wochenende informiert die englischsprachige Tages-

Nationalpark-Erlebnis – voller Anmut, aber auch mit der kriegerischen Ernsthaftigkeit in der Tradition ihrer jahrhundertealten Kultur treten die Samburu-Tänzer auf

presse über die aktuellen Veranstaltungen. Immer etwas los ist in **Nairobi**, z. B. im *African Heritage* (Tel. 020/33 31 57) in der Kenyatta Avenue. Hier gibt's Reggae und afrikanische Rhythmen bis zum Morgengrauen. Vergleichbar bietet das *Saba-Saba* (Tel. 041/49 38 77) in **Mombasa** oft Livemusik, es liegt an der Ecke Ronald Ngala Road und Jomo Kenyatta Avenue.

Nationalparks und Reservate

Kenia ist ein Land voll wildromantischer Schönheit. Großartige Landschaften und eine fantastische Tierwelt begeistern die Besucher der eindrucksvollen Naturschutzgebiete. Diese sind zumeist in Nationalparks und Reservate (Reserves) aneingeteilt. Die **Nationalparks** unterliegen strengeren Bestimmungen zugunsten der darin lebenden Pflanzen und Tiere, das bedeutet beispielsweise, dass die an den Außengrenzen lebenden Menschen das Gelände in keiner Weise nutzen dürfen. Sie können also z. B. nicht ihr Vieh auf die Ebenen zum Grasen treiben. Die **Reservate** hingegen stehen einer begrenzten Nutzung durch den Menschen offen. Hinter diesen Regelungen verbirgt sich ein Zielkonflikt: Einerseits gilt es, Flora und Fauna der Nachwelt zu erhalten – auch im Interesse des Devisen bringenden Tourismus –, andererseits muss den unmittelbaren Lebensinteressen der ansässigen Menschen Rechnung

Safari-Erlebnis im weiten Savannenland – motorisiert und ›bewaffnet‹ mit Foto- und Filmkamera auf der Fährte großer Tierherden, hier Burchell-Zebras und Gnus

getragen werden. Insbesondere den nomadisierenden Massai in der Region **Amboseli** und **Masai Mara** macht die Regierung in dieser Hinsicht Zugeständnisse. Seit langem schwelt ein Streit zwischen Nairobi und den Massai über die Nutzung der Reservate und über die Verwendung der Einnahmen.

Von ausländischen Besuchern werden deutlich höhere **Eintrittsgebühren** als von Kenianern verlangt. Die Tagespreise für so genannte Non Residents liegen für Erwachsene zwischen 15 und 30 US-Dollar, für Kinder (3–17 Jahre) und Studenten (mit Studentenausweis bis 23 Jahre) zwischen 5 und 10 US-Dollar. Für die National Parks Nairobi, Lake Nakuru, Aberdare, Amboseli, Tsavo East, Tsavo West hat Kenya Wildlife Service kürzlich ein Chipkartensystem eingeführt, die ›**Smartcard**‹.

Dass man sich – wo vorgegeben – an die festgelegten **Fahrtrouten** hält und – zur eigenen Sicherheit – das Fahrzeug nicht verlässt, versteht sich von selbst.

Information: Kenya Wildlife Service, P.O. Box 40241, Nairobi, Tel. 020/60 08 00, Fax 020/60 37 92, www.kws.org

Sport

Angeln

Hervorragende Möglichkeiten zum Fischen im Meer bietet die lange **Küste** des Indischen Ozeans, vorzugsweise vom Boot aus. Hemingway hat's vorgemacht und er hat offensichtlich noch genügend kapitale Burschen übrig gelassen. Vor allem die Küstenstriche um *Malindi, Watamu, Diani Beach* und *Wasini Island* eignen sich gut zum Hochseeangeln.

Süßwasserangler kommen insbesondere am **Lake Victoria** auf ihre Kosten, wo speziell auf *Rusinga Island* gute Möglichkeiten zur Ausübung dieses Sports bestehen. Kapitale Nilbarsche werden um *South Island* im **Lake Turkana** gefangen.

Golf

Der Golfsport gewinnt auch in Kenia zunehmend an Popularität. Gegenwärtig laden knapp 40 Plätze, davon 12 mit 18-Loch-Parcours, zum Spielen ein. Nördlich von Mombasa liegt z. B. der **Nyali Golf and Country Club** (Tel. 041/47 15 89), auf dessen Gelände sich auch ein Swimmingpool sowie Tennisplätze befinden.

Knapp 20 km nördlich von Nairobi erstreckt sich an der Kigewa Road der **Windsor Golf and Country Club** (Tel. 020/856 23 00), der zu den besten Plätzen des Kontinents gezählt wird.

Klettern

Träume passionierter Kletterer gehen in Erfüllung, wenn sie sich den Risiken im ewigen Eis des **Mount Kenya** stellen können. Die drei Gipfel des erloschenen Vulkans bieten Kletteranforderungen unterschiedlicher Schwierigkeitsgrade.

Der imposante Vulkankegel des **Mount Elgon** an der Grenze zu Uganda eignet sich eher zum anspruchsvollen Bergwandern denn zum Klettern.

Bergsteiger sollten sich überlegen, ob sie eventuell eine Klettertour am Mount Kenya mit einer Ersteigung des **Kilimandscharo** verbinden, der in der Region des Amboseli Nationalparks an Kenia grenzt. Die Besteigung des höchsten afrikanischen Berges erfolgt üblicherweise von tansanischem Gebiet aus und ist infolge zahlreich anfallender Gebühren nicht gerade billig.

Safari

Kein Kenia-Urlaub ohne Safari-Erlebnisse. Die Möglichkeiten sind grenzenlos – im Geländewagen auf Fotopirsch und abends Dinner im komfortablen Camp, Tour im umgebauten LKW und Schlaf im schlichten Zelt, zu Fuß unter Leitung eines Askari durch das wilde Afrika oder auf dem Rücken eines Kamels durch wundervolle Landschaften. Oder in die Luft gehen und die Savanne von oben bewundern: die Masai Mara vom Ballon aus – ein besonderes Erlebnis.

Auf Safari sollte immer bequeme, strapazierfähige **Kleidung** und festes Schuh-

Wildbeobachter – was links wohl steht?

Gipfelstürmer am Äquator – Loge im ewigen Eis des grandiosen Mount Kenya

werk getragen werden. Eine warme Jacke sowie Sonnenhut, -creme und -brille gehören ebenfalls dazu.

Informationen: Kamelsafari – Camel Trek, Nairobi, Tel. 020/89 10 79, Fax 020/89 17 16. Ballonsafari – Pollman's Tours and Safaris Ltd., Taveta/Shimanzi Road, Mombasa, Tel. 041/31 25 65, Fax 041/31 22 45. Safaris – KATO (Kenya Association of Tour Operators), Longonot Rd., Upper Hill, Nairobi, Tel. 020/71 33 48, Fax 020/71 92 26, www.katokenya.org

Wassersport

Kenias **Küsten** am Indischen Ozean eignen sich für alle erdenklichen Arten des Wassersports. Das ganzjährig warme Wasser und die durch die vorgelagerten Korallenriffe weitgehend haifreien Strände laden insbesondere zum Schwimmen, Schnorcheln und Windsurfen ein, abgesehen davon, dass alle größeren Strandhotels – und auch Hotels im Inland – über schöne Poolanlagen verfügen.

Taucher finden herrliche Reviere voll bunter Fische und prächtiger Korallen in den Riffen entlang der gesamten Küste, vor allem aber bei *Lamu* im Norden und *Malindi* in der Mitte des Landes sowie nahe *Mombasa* und schließlich im Süden an der tansanischen Grenze. Wer die einzigartige Unterwasserwelt trockenen Fußes erleben möchte, kann an den vielfach angebotenen Fahrten mit Glasbodenbooten teilnehmen.

Vom Schwimmen in Kenias **Binnenseen** sollte man unbedingt absehen, da diese sehr häufig bilharzioseverseucht sind. Am Lake Turkana sowie an einigen Stellen des Lake Victoria sind darüber hinaus unfreiwillige Bekanntschaften mit Krokodilen möglich.

Statistik

Lage: Kenia liegt an der Ostküste Afrikas nördlich und südlich des Äquators, der das Land nahezu in der Mitte teilt. Es grenzt im Nordosten an Somalia, im Norden an Äthiopien und den Sudan, im Westen an Uganda sowie im Süden an Tansania. Im Westen hat Kenia einen kleinen Anteil an der Fläche des Lake Victoria und im Osten wird es auf rund 500 km vom Indischen Ozean begrenzt. In der Nord-Süd-Richtung wird Kenia vom Ostafrikanischen Kontinentalgraben durchquert, der sich auf einer Länge von 6000 km vom Jordan bis Mosambik erstreckt. In der durchnittlich 50 km weiten Ebene erhebt sich der Mount Kenya – Kenias höchster Berg ist der einzige Ort am Äquator, an dem es Schnee gibt.

Verwaltung: Die Republik Kenia gliedert sich in acht Provinzen (Coast, Eastern, Rift Valley, Central, Nairobi, Nyanza, Western und North Eastern), die wiederum in 40 Distrikte zerfallen. Das Land wird als präsidiale Demokratie regiert. Innerhalb des Mehrparteiensystems kommt dem Staatspräsidenten eine starke Machtfülle zu. Seit der Unabhängigkeit im Jahr 1963 bis Ende 2002 regierte die KANU (Kenya African National Union) unter ihren beiden Führern Jomo Kenyatta und Daniel arap Moi das Land. Aufgrund nationaler und internationaler Proteste schlugen Versuche beider Präsidenten fehl, aus Kenia einen Einparteienstaat unter KANU-Vorherrschaft zu machen. Bei den Parlamentswahlen Ende 2002 siegte die Opposition unter Mwai Kibaki.

Fläche: Mit einer Gesamtfläche von 582 646 km^2 ist Kenia etwa so groß wie Frankreich. Etwa 8 % der Fläche sind als Schutzgebiete ausgewiesen.

Bevölkerung: In Kenia leben derzeit etwa 33 Mio. Menschen und die jährliche Zuwachsrate beträgt 3,5 %. Damit liegt das Land mit an der Spitze des Bevölkerungswachstums in der Welt.

Die afrikanische Bevölkerung gliedert sich in zahlreiche Stämme, unter denen die Kikuyu und die Luo zahlenmäßig die größten sind. An der Küste leben die Swahili, ein Mischvolk vorwiegend aus Afrikanern und Arabern. Hier wie auch in Nairobi findet sich eine bedeutende indische Minderheit – Nachfahren von Eisenbahnarbeitern aus der Zeit um die Wende zum 20. Jh. Vorwiegend britisch- und irisch-

Räume für Träume – höchsten Hotelkomfort genießt man am Indischen Ozean

stämmige Europäer leben über das ganze Land verstreut mit Siedlungsschwerpunkten in den Central Highlands, in und um Nairobi sowie an der Küste. Kleine deutsche sowie italienische Kolonien finden sich ebenfalls am Indischen Ozean sowie in der Hauptstadt.

Religion: Die kenianische Verfassung garantiert Religionsfreiheit. Es gibt Hunderte religiöser Gemeinschaften, Gruppen und Sekten. Christen aller möglichen Bekenntnisse bilden die Mehrheit (über 70%), davon wiederum sind die meisten Anhänger der verschiedenen afrikanischen Kirchen und Protestanten (51%) sowie Katholiken (20 %). Besonders unter den Christen findet sich häufig ein ausgeprägter Synkretismus, d. h., Christliches und ursprünglich afrikanisch Religiöses gehen unauflösbar ineinander über.

An der Küste überwiegen die Muslime, ebenso im dünn besiedelten Nordosten, während der Hinduismus ganz überwiegend von Indern repräsentiert wird, die vor allem an der Küste, in Nairobi sowie in Kisumu leben.

Hauptstadt: Nairobi ist mit über 2,7 Mio. Einwohnern das Wirtschafts-, Verkehrs- und Finanzzentrum Kenias, Sitz von Regierung und Parlament sowie des UN-Umweltamtes.

Wirtschaft: Rund ein Drittel seiner Exporterlöse erzielt Kenia mit Agrarerzeugnissen, zu denen vor allem Tee, Kaffee, Ananas, Pyrethrum (ein natürliches Insektizid, das aus Chrysanthemen gewonnen wird) sowie Schnittblumen gehören. Sisal, Tabak und Baumwolle sowie Felle und Häute spielen ebenfalls eine wichtige Rolle in der exportorientierten Farmwirtschaft. Seit den 1960er-Jahren wuchs der Massentourimus zu einem bedeutenden Devisenbringer heran, doch waren auf diesem Gebiet in den vergangenen Jahren nicht unerhebliche Einbrüche zu verzeichnen.

Investitionsgüter aller Art, Rohöl, Chemieprodukte sowie Lebensmittel zählen zu den Hauptimporten.

Unterkunft

Hotels

Die Mehrzahl der Urlauber aus Europa besucht Kenia im Rahmen einer Pauschalreise, wozu in der Regel ein **Hotelarrangement** mit hohem und höchstem Leistungsniveau gehört. Unterkünfte dieser Qualität können, vor allem außerhalb der Hochsaison, problemlos auch vor Ort auf eigene Faust gebucht werden.

Kenias ›bessere‹ Hotellerie befindet sich fast ausnahmslos in den Händen international operierender Ketten mit Sitz in Großbritannien, aber auch mit Reservierungsbüros in Nairobi. Die diesen Konzernen angehörenden Häuser – und auch die herrlichen **Safari Lodges** in den Nationalparks – sind im Hauptteil dieses Reiseführers unter den ›Praktischen Hinweisen‹ erwähnt und kurz beschrieben. Nachfolgend findet sich in alphabetischer Reihenfolge eine Liste der wesentlichen Hotelkonzerne, von denen **Informationsmaterial** über einzelne Objekte im Lande angefordert werden kann. Außerdem gibt es weitere gute und sehr gute Hotels, die nicht zu einer Kette gehören.

Alliance Hotels Ltd., P.O. Box 49839, Nairobi, Tel. 020/44 33 57, Fax 020/44 45 309, www.alliancehotels.com

Block Hotels, P.O. Box 40075, Nairobi, Tel. 020/54 07 80, Fax 020/54 59 48, www.blockhotelske.com

Prachtvoller Logenplatz über dem Masai-Mara-Reservat – die Mara Serena Lodge

Lonrho Hotels Africa, P.O. Box 58581, Nairobi, Tel. 020/21 69 40, Fax 020/21 67 96, www.lonrhohotels.com

Mada Hotels, P.O. Box 40683, Nairobi, Tel. 020/60 53 28, Fax 020/60 35 95, www.madahotels.com

Sarova Hotels, P.O. Box 72493, Nairobi, Tel. 020/271 33 33, Fax 020/271 55 66, www.sarovahotels.com

Serena Hotels, P.O. Box 48690, Nairobi, Tel. 020/271 05 11, Fax 020/271 81 00, www.serenahotels.com

Lodges

Lodges in den **Nationalparks** ähneln vielfach Hotels – manchmal sehr komfortablen. Feste Gebäude mit ebensolchen Räumen sind die Regel, sie sind mit schönen Bädern ausgestattet. Oft gibt es auch Swimmingpools – der Sprung ins kühle Nass ist eine Wohltat nach einer mehrstündigen Safari in Sand und Staub. Atmosphäre erzielen die Lodges durch die Verwendung natürlicher Baumaterialien, wie strohgedeckte Veranden und Speisesäle, in die auch schon mal dicke Äste urwüchsiger Baumriesen von draußen hineinragen. Zutrauliche Vögel haben es auf die Frühstückstische abgesehen, in einigen Fällen drohen sogar Affen mit gezielten Attacken auf die gedeckte Tafel. Unvergesslich sind Mußestunden auf einer Veranda kurz vor Sonnenuntergang, wenn sich Antilopen, Kudus und Zebras am vorgelagerten Wasserloch ein Stelldichein geben. Afrika pur!

Tented Camps

Diese Zeltanlagen sind fast immer auf festem Untergrund errichtet, etwa auf Zementböden, und haben in der Regel elektrische Stromversorgung mittels Generatoren sowie normale Toiletten und fließendes Wasser. ›Zimmer‹ werden durch Segeltuchbahnen gebildet, unter denen bequem 2 gemütliche Betten Platz finden. Tented Camps vermitteln echte Safari-Atmosphäre! Preise für Übernachtungen variieren entsprechend des angebotenen Komforts. Nichts geht über einen kenianischen Sternenhimmel über einem Zeltcamp!

Verkehrsmittel im Land

Bahn

Für den Touristen kommt die Eisenbahn als Transportmittel kaum in Betracht, allenfalls die Strecke Nairobi–Mombasa über Voi und umgekehrt. Hier verkehren Waggons der ersten, zweiten und dritten Klasse. Für die erste und empfehlenswerte Klasse ist eine Reservierung erforderlich (Tel. Nairobi 020/22 12 11 und Mombasa 041/31 22 21).

Der Bahnhof von **Nairobi** liegt recht zentral am südlichen Ende der Moi Avenue. **Mombasas** Bahnhof befindet sich im westlichen Teil der Insel von Mombasa, in der Machakos Road. Es besteht auch eine Bahnverbindung von Nairobi nach Kisumu am Lake Victoria.

Bus

Der Überlandbus ist das gängige Verkehrsmittel für längere Strecken, will man nicht das Flugzeug benutzen. Über den technischen Zustand und die damit verbundene Sicherheit der Fahrzeuge lässt sich trefflich streiten, doch gibt es oft keine Alternative zu diesem Transportmittel. Empfehlenswert ist die **Akamba-Busgesellschaft**, die mit ihren recht gepflegten Fahrzeugen von Nairobi aus alle größeren Orte des Landes verbindet. In **Nairobi** liegt das Büro von Akamba in der Lagos Road, in einem als nicht sehr sicher geltenden Innenstadtviertel. **Tipp:** Man beauftrage in seinem Hotel jemanden gegen ein Trinkgeld, das Ticket bei Akamba zu holen.

In **Mombasa** befinden sich die Büros und Garagen der verschiedenen Busgesellschaften entlang der Jomo Kenyatta Avenue auf der Insel.

Flugzeug

Das Flugzeug ist das bestgeeignete Verkehrsmittel, um größere Distanzen zu überwinden (Infos: www.kenyaairports.

com). Außer **Kenya Airways** bieten seit einiger Zeit etliche andere Carrier Verbindungen vor allem zwischen Nairobi und verschiedenen Städten des Landes an, z. B. nach Mombasa, Kisumu und Isiolo. Bis zu zehnmal täglich verkehren Maschinen zwischen Nairobi und Mombasa. Auch Lamu, Lake Turkana und verschiedene Nationalparks werden angeflogen

Matatu

Echt kenianisch! Für die Innenstadt und angrenzende Bezirke sind diese Kleinbusse oft die einzige Fortbewegungsmöglichkeit. Sehr preiswert, Kontakt zur Bevölkerung garantiert [vgl. S. 95]. Auf Nachtfahrten sollte man aus Sicherheitsgründen verzichten.

Mietwagen

Entscheidet man sich, am Linksverkehr in Kenia als Autofahrer teilzunehmen, stehen dem Interessenten Fahrzeuge verschiedener Fabrikate zur Verfügung. Vermietet wird an Personen, die älter als 23 Jahre sind. Kreditkarte, Reisepass und der Nationale/Internationale Führerschein müssen vorgelegt werden. Unter den Vermietern finden sich die international tätigen Firmen, die man am besten *vor der Abreise* in Europa wegen günstiger Konditionen bei Vorausbuchung kontaktiert, da Automieten in Kenia relativ teuer sind.

ADAC-Mitglieder können über die Geschäftsstellen oder unter Tel. 018 05/ 31 81 81 (0,12 €/Min.) bei der **ADAC-Autovermietung** preisgünstiger ein Auto vorbuchen.

Natürlich hat man sich als **Selbstfahrer** auf teils katastrophale Straßenverhältnisse, den oft gefährlichen Fahrstil der anderen, auf der Fahrbahn laufende Tiere, unbeleuchtete Fahrzeuge und Fahrräder

Rückansicht einer Bus-Schönheit – unterwegs auf Kenias Landstraßen

einzustellen. Bei Fahrten in den Norden müssen Reservereifen (geprüft!), Werkzeuge, Lebensmittel und Wasser stets mitgeführt werden.

Schiff

Auf dem Lake Victoria verkehren Personenfähren. Einerseits handelt es sich um Verbindungen zwischen kleinen Orten am kenianischen Ufer von der Stadt Kisumu aus, andererseits um Routen nach Tansania und Uganda. Mit etwas Glück und zu einem bescheidenen Preis ist es u. U. auch möglich, mit kleinen Frachtbooten von Kisumu aus nach Mwanza in Tansania bzw. mit der Eisenbahnfähre nach Uganda überzusetzen.

Information: Kisumu, Lake Travels Ltd., Alpha House, Oginga Odinga Road, Zentrum, Tel. 057/422 04, Fax 057/422 16

Taxi

In Nairobi, Mombasa und anderen Städten ist das Taxi ein dringend anzuratendes Verkehrsmittel, um zu den Sehenswürdigkeiten zu gelangen – nicht zuletzt aus Sicherheitsgründen. Der Fahrpreis muss vor Fahrtantritt ausgehandelt werden.

Flugsafari – Landung vor der eindrucksvollen Kulisse des Kilimandscharo, die Jeeps zur Weiterfahrt sind in Position, das Abenteuer Afrika kann beginnen

Sprachführer

Englisch für die Reise

Das Wichtigste in Kürze

Ja / Nein	*Yes / No*
Bitte / Danke	*Please / Thank you*
In Ordnung. / Einverstanden.	*All right. / Agreed.*
Entschuldigung!	*Excuse me!*
Wie bitte?	*Pardon?*
Ich verstehe Sie nicht.	*I don't understand you.*
Ich spreche nur wenig Englisch.	*I only speak a little English.*
Können Sie mir bitte helfen?	*Can you help me, please?*
Das gefällt mir / Das gefällt mir nicht.	*I like that / I don't like that.*
Ich möchte …	*I would like …*
Haben Sie …?	*Have you got …?*
Gibt es …?	*Is there …?*
Wie viel kostet das? / Wie teuer ist …?	*How much is that?*
Kann ich mit Kreditkarte bezahlen?	*Can I pay by credit card?*
Wie viel Uhr ist es?	*What time is it?*
Guten Morgen!	*Good morning!*
Guten Tag!	*Good morning! / Good afternoon!*
Guten Abend!	*Good evening!*
Gute Nacht!	*Good night!*
Hallo! Grüß dich!	*Hello!*
Wie ist Ihr Name, bitte?	*What's your name, please?*
Mein Name ist …	*My name is …*
Wie geht es Ihnen?	*How are you?*
Auf Wiedersehen!	*Goodbye!*
Tschüs!	*See you!*
Bis bald!	*See you soon!*
Bis morgen!	*See you tomorrow!*
gestern / heute / morgen	*yesterday / today / tomorrow*
am Vormittag / am Nachmittag	*in the morning / in the afternoon*
am Abend / in der Nacht	*in the evening / at night*
um 1 Uhr / 2 Uhr …	*at one o'clock / at two o'clock …*
um Viertel vor (nach) …	*at a quarter to (past) …*
um … Uhr 30	*at … thirty*
Minute(n) / Stunde(n)	*minute(s) / hour(s)*
Tag(e) / Woche(n)	*day(s) / week(s)*
Monat(e / Jahr(e)	*month(s) / year(s)*

Zahlen

0	*zero*	20	*twenty*
1	*one*	21	*twenty-one*
2	*two*	22	*twenty-two*
3	*three*	30	*thirty*
4	*four*	40	*forty*
5	*five*	50	*fifty*
6	*six*	60	*sixty*
7	*seven*	70	*seventy*
8	*eight*	80	*eighty*
9	*nine*	90	*ninety*
10	*ten*	100	*a (one) hundred*
11	*eleven*		
12	*twelve*	200	*two hundred*
13	*thirteen*	1 000	*a (one) thousand*
14	*fourteen*		
15	*fifteen*	2 000	*two thousand*
16	*sixteen*	10 000	*ten thousand*
17	*seventeen*	$1/4$	*a (one) quarter*
18	*eighteen*		
19	*nineteen*	$1/2$	*a (one) half*

Wochentage

Montag	*Monday*
Dienstag	*Tuesday*
Mittwoch	*Wednesday*
Donnerstag	*Thursday*
Freitag	*Friday*
Samstag	*Saturday*
Sonntag	*Sunday*

Monate

Januar	*January*
Februar	*February*
März	*March*
April	*April*
Mai	*May*
Juni	*June*
Juli	*July*
August	*August*
September	*September*
Oktober	*October*
November	*November*
Dezember	*December*

Maße

Kilometer	*kilometre*
Meter	*metre*
Zentimeter	*centimetre*
Kilogramm	*kilogramme*
Pfund	*pound*
Gramm	*gramme*
Liter	*litre*

Unterwegs

Nord / Süd / West / Ost	*north / south / west / east*
geöffnet / geschlossen	*open / closed*
geradeaus / links / rechts / zurück	*straight on / left / right / back*
nah / weit	*near / far*
Wie weit ist es?	*How far is it?*
Wo sind die Toiletten?	*Where are the toilets?*
Wo ist die (der) nächste … Telefonzelle / Bank / Post / Polizeistation / Geldautomat?	*Where is the nearest … telephone box / bank / post office / police station / automatic teller?*
Bitte, wo ist … der Bahnhof / der Busbahnhof / der Flughafen?	*Where is … the train station / bus station / airport, please?*
Wo finde ich ein(e, en)? Apotheke / Fotogeschäft / Kaufhaus / Lebensmittelgeschäft / Markt?	*Where can I find a … pharmacy / photo shop / department store / food store / market?*
Ist das der Weg / die Straße nach …?	*Is this the way / the road to …?*
Gibt es einen anderen Weg?	*Is there another way?*
Ich möchte mit … dem (der) Bus / Zug / Schiff / Fähre / Flugzeug nach … fahren.	*I would like to go to … by … bus / train / ship / ferry / airplane.*
Gilt dieser Preis für Hin- und Rückfahrt?	*Is this the round trip fare?*
Wie lange gilt das Ticket?	*How long will the ticket be valid?*
Wo ist das Fremdenverkehrsamt / Reisebüro?	*Where is the travel info / travel agency?*
Ich benötige eine Hotelunterkunft.	*I need hotel accommodation.*
Wo kann ich mein Gepäck lassen?	*Where can I leave my luggage?*
Ich habe meinen Koffer verloren.	*I lost my suitcase.*

Zoll, Polizei

Ich habe etwas / nichts zu verzollen.	*I have something / nothing to declare.*
Nur persönliche Dinge.	*Only personal belongings.*
Hier ist die Kaufbescheinigung.	*Here is the receipt.*
Hier ist mein(e) … Geld / Pass / Personalausweis / Kfz-Schein / Versicherungskarte.	*Here is my … money / passport / ID card / certificate of registration / car insurance card.*
Ich fahre nach … und bleibe … Tage / Wochen.	*I'm going to … to stay there for … days / weeks.*
Ich möchte eine Anzeige erstatten.	*I would like to report an incident.*
Man hat mein(e, en)… Geld / Tasche / Papiere / Schlüssel / Fotoapparat / Koffer / Fahrrad gestohlen.	*They stole my … money / bag / papers / keys / camera / suitcase / bicycle.*
Verständigen Sie bitte das Deutsche Konsulat.	*Please contact the German Consulate.*

Freizeit

Ich möchte ein … Fahrrad / Motorrad / Surfbrett / Mountainbike / Boot / Pferd mieten.	*I would like to rent a … bicycle / motorcycle / surf board / mountain bike / boat / horse.*
Gibt es ein(en) Freibad / Golfplatz / Strand in der Nähe?	*Is there a … outdoor swimming pool / golf course / beach in the area?*
Wann hat … geöffnet?	*What are the opening hours of …?*

Bank, Post, Telefon

Ich möchte Geld wechseln.	*I would like to change money.*
Brauchen Sie meinen Pass?	*Do you need my passport?*
Wo soll ich unterschreiben?	*Where should I sign?*
Ich möchte eine Telefonverbindung nach …	*I would like to have a telephone connection with …*
Wie lautet die Vorwahl für …?	*What is the area code for …?*
Wo gibt es … Münzen für den Fernsprecher / Telefonkarten / Briefmarken?	*Where can I get … coins for the telephone / phone cards / stamps?*

Tankstelle

Wo ist die nächste Tankstelle?	*Where is the nearest petrol station?*

Ich möchte …	*I would like …*
Liter …	*litres of*
Super / Diesel / bleifrei	*star / diesel / unleaded*
Volltanken, bitte.	*Fill it up, please.*
Bitte, prüfen Sie …	*Please check the …*
den Reifendruck /	*tire pressure /*
den Ölstand /	*oil level /*
den Wasserstand /	*water level /*
das Wasser für die Scheibenwischanlage /	*water in the windscreen wiper system /*
die Batterie.	*battery.*
Würden Sie bitte …	*Would you please …*
den Ölwechsel /	*change the oil /*
den Radwechsel vornehmen /	*change the tires /*
die Sicherung austauschen /	*change the fuse /*
die Zündkerzen erneuern /	*replace the spark plugs /*
die Zündung nachstellen?	*adjust the ignition?*

Panne

Ich habe eine Panne.	*My car's broken down.*
Der Motor startet nicht.	*The engine won't start.*
Ich habe die Schlüssel im Wagen gelassen.	*I left the keys in the car.*
Ich habe kein Benzin / Diesel.	*I've run out of petrol / diesel.*
Gibt es hier in der Nähe eine Werkstatt?	*Is there a garage nearby?*
Können Sie mein Auto abschleppen?	*Could you tow my car?*
Können Sie mir einen Abschleppwagen schicken?	*Could you send a tow truck?*
Können Sie den Wagen reparieren?	*Could you repair my car?*
Bis wann?	*By when?*

Mietwagen

Ich möchte ein Auto mieten.	*I would like to rent a car.*
Was kostet die Miete …	*How much is the rent …*
pro Tag /	*per day /*
pro Woche /	*per week /*
mit unbegrenzter km-Zahl /	*including unlimited kilometre /*
mit Kaskoversicherung /	*including comprehensive insurance /*
mit Kaution?	*with deposit?*
Wo kann ich den Wagen zurückgeben?	*Where can I return the car?*

Unfall

Hilfe!	*Help!*
Achtung! / Vorsicht!	*Attention! / Caution!*
Rufen Sie bitte schnell …	*This is an emergency, please call …*
einen Krankenwagen /	*an ambulance /*
die Polizei /	*the police /*
die Feuerwehr.	*the fire department.*
Es war (nicht) meine Schuld.	*It was (not) my fault.*
Geben Sie mir bitte Ihren Namen und Ihre Adresse.	*Please give me your name and address.*
Ich brauche die Angaben zu Ihrer Autoversicherung.	*I need the details of your car insurance.*

Krankheit

Können Sie mir einen guten Deutsch sprechenden Arzt / Zahnarzt empfehlen?	*Can you recommend a good German-speaking doctor / dentist?*
Wann hat er Sprechstunde?	*What are his office hours?*
Wo ist die nächste Apotheke?	*Where is the nearest pharmacy?*
Ich brauche ein Mittel gegen …	*I need medication for …*
Durchfall /	*diarrhoa /*
Halsschmerzen /	*sore throat /*
Fieber /	*fever /*
Insektenstiche /	*insect bites /*
Verstopfung /	*constipation /*
Zahnschmerzen.	*toothache.*

Im Hotel

Können Sie mir bitte ein Hotel / eine Pension empfehlen?	*Could you please recommend a hotel / Bed & Breakfast?*
Ich habe bei Ihnen ein Zimmer reserviert.	*I booked a room with you.*
Haben Sie ein …	*Have you got a …*
Einzel- / Doppelzimmer …	*single / double room …*
mit Dusche / Bad?	*with shower / bath?*
für eine Nacht /	*for a night /*
für eine Woche?	*for a week?*
Was kostet das Zimmer mit Frühstück / mit zwei Mahlzeiten?	*How much is the room with breakfast / with two meals?*
Wie lange gibt es Frühstück?	*How long will breakfast be served?*
Ich möchte um … geweckt werden.	*Please wake me up at …*

Wie ist hier die Stromspannung?	*What is the power voltage here?*
Ich reise heute abend / morgen früh ab.	*I will depart tonight / tomorrow morning.*
Haben Sie ein Faxgerät / einen Hotelsafe?	*Have you got a fax machine / a hotel safe?*
Nehmen Sie Kreditkarten an?	*Do you accept credit cards?*

Im Restaurant

Wo gibt es ein gutes / günstiges Restaurant?	*Where is a good / inexpensive restaurant?*
Die Speisekarte / Getränkekarte, bitte.	*The menu / the wine list, please.*
Welches Gericht können Sie besonders empfehlen?	*Which of the dishes can you recommend?*
Ich möchte das Tagesgericht / Menü (zu ...)	*I would like the dish of the day (at ...).*
Ich möchte nur eine Kleinigkeit essen.	*I only want a snack.*
Gibt es vegetarische Gerichte?	*Are there vegetarian dishes?*
Haben Sie offenen Wein?	*Do you serve wine by the glass?*
Welche alkoholfreien Getränke haben Sie?	*What soft drinks have you got?*
Haben Sie Mineralwasser mit / ohne Kohlensäure?	*Have you got carbonated water / non-carbonated water?*
Das Steak bitte ... englisch / medium / durchgebraten.	*The steak ... rare / medium / well-done, please.*
Kann ich bitte ... ein Messer / eine Gabel / einen Löffel haben?	*Please can I have ... a knife / a fork / a spoon?*
Darf man rauchen?	*Is smoking allowed?*
Die Rechnung / Bezahlen, bitte.	*The bill, please.*

Essen und Trinken

Abendessen	*dinner*
Ananas	*pineapple*
Bier	*beer*
Birnen	*pears*
Bratkartoffeln	*fried potatoes*
Brot / Brötchen	*bread / rolls*
Butter	*butter*
Ei	*egg*
Eier mit Speck	*bacon and eggs*
Eiscreme	*ice-cream*
Erbsen	*peas*
Essig	*vinegar*
Fisch	*fish*
Fleisch	*meat*
Fleischsoße	*gravy*
Frühstück	*breakfast*
Gebäck	*pastries*
Geflügel	*poultry*
Gemüse	*vegetable*
Gurke	*cucumber*
Hähnchen	*chicken*
Hammelfleisch	*mutton*
Honig	*honey*
Hummer	*lobster*
Ingwer	*ginger*
Kaffee	*coffee*
Kalbfleisch	*veal*
Kartoffel	*potatoe*
Kartoffelbrei	*mashed potatoes*
Käse	*cheese*
Kohl	*cabbage*
Kokosmilch	*coconut milk*
Kuchen	*cake*
Lachs	*salmon*
Lamm	*lamb*
Langusten	*cray fish*
Leber	*liver*
Maiskolben	*corn-on-the-cob*
Marmelade	*jam / marmalade*
Meeresfrüchte	*seafood*
Milch	*milk*
Mineralwasser	*mineral water*
Mittagessen	*lunch*
Nieren	*kidneys*
Obst	*fruit*
Öl	*oil*
Pfannkuchen	*pancakes*
Pfeffer	*pepper*
Pfirsiche	*peaches*
Pilze	*mushrooms*
Pommes frites	*french fries, chips*
Reis	*rice*
Rühreier	*scrambled eggs*
Sahne	*cream*
Salat	*salad*
Salz	*salt*
Schinken	*ham*
Schweinefleisch	*pork*
Sekt	*sparkling wine*
Suppe	*soup*
Tee	*tea*
Thunfisch	*tuna*
Tomaten	*tomatoes*
Truthahn	*turkey*
Vanillesoße	*custard*
verlorene Eier	*poached eggs*
Vorspeisen	*hors d'œuvres*
Wein	*wine*
Weiß/ Rot/ Rosé	*white/ red/ rosé*
Würstchen	*sausages*
Ziege	*goat*
Zucker	*sugar*
Zwiebeln	*onions*

Register

M

N

O

P

R

S

Bildnachweis

Umschlag-Vorderseite: Postkartenmotiv im Amboseli-Nationalpark – Giraffen vor der Kulisse des schneebedeckten Kilimandscharo. Foto: *Bildagentur Huber/R. Schmid,Garmisch-Partenkirchen*

Titelseite
Oben: Amboseli National Park mit Blick auf den Kilimandscharo (Wh. von S. 57)
Mitte: Safari-Erlebnis unter dem Himmel Kenias (Wh. von S. 130)
Unten: Sandstrandträume unter Palmen an Kenias Südküste (Wh. von S. 32)

AKG, Berlin: 14 oben – *Bilderberg, Hamburg:* 49 unten (Robert Caputo), 96 (Jose Azel), 99 oben (Tomasz Gudzowaty) – *Bodo Bondzio, Bad Honnef:* 112 unten, 121 – *Werner Fiedler, Leipzig:* 38, 42 oben – *Hartmuth Friedrichsmeier, Hamburg:* 21, 37 unten (argus/Schwarzbach), 35, 48, 51 unten (Hans-Rüdiger Koop), 54 (SCOPE/Michel Plassart), 86, 87 (argus/Schwarzbach), 92 oben, 94 oben, 94 unten (H.-R. Koop), 95 oben (argus/Schwarzbach), 102 oben (H.-R. Koop), 102 unten (SCOPE/Charles Bowman), – *Werner Gartung, Freiburg:* 7 oben, 45, 53, 70, 79 oben, 90 oben, 91 oben, 106/107, 108 oben, 115, 117 unten, 120 unten, 125 – *Albrecht Hagemann, Detmold:* 23 unten, 26, 29 – *Bildagentur Huber, Garmisch-Partenkirchen:* 8/9 unten, 32 (R. Schmid) – *IFA-Bilderteam, Taufkirchen bei München:* 42/43 unten (K. Welsh) – *Gerold Jung, Ottobrunn:* 56 (2), 63 oben, 131 – *Rainer Kiedrowski, Ratingen:* 23 oben, 24, 30, 31, 39, 44, 46, 49 oben, 50, 55 (2), 64 oben, 67 unten, 69 (2), 73, 78, 90 unten, 113 – *laif, Köln:* 47, 60, 63 unten, 64 unten, 68, 91 unten, 92 unten, 98, 103, 122 oben rechts, 132 (Michael Riehle) – *Harald Lange, Bad Lausick: 6 links, 8 oben links, 59 oben – LOOK, München:* 2 ganz oben, 3 ganz unten (Michael Martin), 8 oben rechts, 9 oben rechts (Konrad Wothe), 10, 11 oben (Hauke Dressler), 11 unten (M. Martin), 19 , 25, 27 oben, 28 (H. Dressler), 34, 36, 37 oben (K. Wothe), 57 (M. Martin), 58 oben (K. Wothe), 71 oben, 72, 74, 75 (M. Martin), 76 (Helmut Rüffler), 79 unten (H. Dressler), 80 (2, M. Martin), 82 (H. Rüffler), 95 unten, 99 unten (M. Martin), 109 (5, K. Wothe), 111 unten, 112 oben, 117 oben (M. Martin), 120 oben (K. Wothe), 122 oben links, 122 unten rechts (H. Dressler), 122 Mitte (H. Rüffler), 127, 128, 130 unten, 133, 134 (H. Dressler), 135 oben (M. Martin), 135 unten (K. Wothe) – *Mauritius, Mittenwald:* 6/7 unten, 81 (Poehlmann), 110 – *Harald Mielke, Sachsenried:* 22, 27 unten, 40, 41 – *Bernd Ritschel, Kochel am See:* 9 oben links, 51 oben, 58 unten, 65, 66, 67 oben, 83, 85, 88, 100, 104, 108 unten, 114 unten, 118 unten, 119, 122 unten links – *Süddeutscher Verlag/Bilderdienst, München:* 13 – *Martin Thomas, Aachen:* 33, 43 oben, 59 unten, 71 unten, 97 oben, 105, 111 oben, 114 oben, 116, 126, 130 oben – *Transglobe Agency, Hamburg:* 16/17 (J. Scott) – *Ullstein Bilderdienst, Berlin:* 14 unten, 15, 84.

Leserforum

Die Meinung unserer Leserinnen und Leser ist wichtig, daher freuen wir uns von Ihnen zu hören. Wenn Ihnen dieser Reiseführer gefallen hat, wenn Sie wichtige Hinweise zu den Inhalten haben – Ergänzungs- und Verbesserungsvorschläge, Tipps und Korrekturen – dann schreiben Sie uns:

Redaktion ADAC Reiseführer
ADAC Verlag GmbH
81365 München
verlag@adac.de

Impressum

Lektorat und Bildredaktion:
Johannes Graf v. Preysing
Aktualisierung: Renate Nöldeke, München
Karten: Astrid Fischer-Leitl, München
Herstellung: Martina Baur
Druck, Bindung: Druckerei Uhl, Radolfzell
Printed in Germany

Ansprechpartner für den Anzeigenverkauf:
Kommunalverlag GmbH & Co KG,
MediaCenterMünchen, Tel. 089/92 80 96-44

ISBN: 978-3-89905-465-1

Gedruckt auf chlorfrei gebleichtem Papier

Neu bearbeitete Auflage 2006

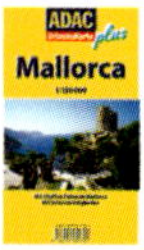

Ägypten
Algarve
Allgäu*
Amsterdam
Andalusien*
Australien
Bali und Lombok
Barcelona*
Berlin*
Bodensee*
Brandenburg*
Brasilien
Bretagne
Budapest
Bulgarische Schwarzmeerküste
Burgund
Costa Brava und Costa Daurada
Côte d'Azur
Dalmatien
Dänemark*
Deutschland, City Guide
Dominikanische Republik
Dresden*
Dubai, Vereinigte Arabische Emirate, Oman
Elsass
Emilia Romagna
Florenz
Florida
Französische Atlantikküste
Fuerteventura
Gardasee*
Germany, City Guide (engl.)
Golf von Neapel
Gran Canaria
Hamburg*
Hongkong und Macau
Ibiza und Formentera
Irland
Israel
Istrien und Kvarner Golf*
Italienische Adria
Italienische Riviera
Jamaika
Kalifornien
Kanada – Der Osten
Kanada – Der Westen
Karibik
Kenia
Korfu und Ionische Inseln*
Kreta*
Kuba
Kykladen
Lanzarote
Leipzig*
London*
Madeira
Mallorca*
Malta
Marokko
Mauritius und Rodrigues
Mecklenburg-Vorpommern*
Mexiko
München*
Neuengland
Neuseeland
New York*
Niederlande
Norwegen
Oberbayern*
Österreich*
Paris*
Peloponnes
Piemont, Lombardei, Valle d'Aosta
Polen*
Portugal
Prag*
Provence
Rhodos
Rom*
Rügen, Hiddensee, Stralsund
Salzburg*
Sardinien
Schleswig-Holstein*
Schottland
Schwarzwald*
Schweden*
Schweiz*
Sizilien
Spanien
St. Petersburg
Südafrika
Südengland
Südtirol*
Sylt
Teneriffa*
Tessin
Thailand
Toskana*
Tunesien
Türkei-Südküste
Türkei-Westküste
Umbrien
Ungarn
USA-Südstaaten
USA-Südwest
Usedom*
Venedig*
Venetien und Friaul
Wien*
Zypern

* auch als ADAC Reiseführer Plus mit CityPlan bzw. UrlaubsKarte